# 日本進化論



落合陽一

SB新書
458

# はじめに

落合　陽一

皆さんは、「平成」と聞いて、何を思い浮かべるでしょうか。

２０１９年4月30日をもって平成という元号は終了します。この30年と１１３日に及ぶ期間を振り返ったとき、ポジティブではない印象を抱く人は、少なくないのではないでしょうか。

平成がはじまったのは１９８９年、バブルの崩壊とほぼ同時に幕を開けました。以降、「失われた20年」と呼ばれる長い不況の時代が続きます。多くの企業がデフレと低成長に苦しみ、団塊ジュニア以降の世代が経済的な負担を被ったことで、晩婚あるいは未婚の傾向は加速しました。日本が少子高齢社会に突入することが決定づけられたのは、この時期のことです。

リーマンショック、東日本大震災によって日本の経済・社会が巨大なダメージを負う一方、隣の中国は猛烈な勢いで経済発展を遂げ、日本を追い抜いてアメリカに次ぐGDP世界第2位の座に就きます。他のアジアの国々の成長も目覚ましく、「もはや日本は二流国に転落した」という声が、あちこちで聞かれるようになりました。

「平成の30年余りの間に日本は衰退した」と悲観したり、「今後は斜陽国家として落ちぶれていく」[*1]という未来予想をしている人は数多くいます。

その予想は、本当に正しいのでしょうか。もう一度議論してみる必要はないでしょうか。

たしかに、平成の間に失われたものや、反省すべき点はたくさんあります。しかし、そこにとらわれるあまり、現在の日本が抱えている問題の本質や、その解決の糸口が意外なところに潜んでいることに、多くの人は気づいていないのではないでしょうか。

たとえば今後、日本が悩まされることになる問題のひとつが、社会保障費の増大です。特に年金や失業保険、生活保護は、受給の条件に個人差があることから不平等感が強く、生活保護費の不正受給が大きな批判を呼んだこともありました。[*2]

この問題については近年、「ベーシックインカム」の導入の是非をめぐる議論[*3]が盛んに行なわれています。すべての国民に対し、最低限の生活を送るために必要な額の公費を支給するという制度で、年金、失業保険、生活保護などの社会保障費を代替する仕組みです。まだ全面的な導入に踏み切った国はありませんが、社会実験としてはすでに様々な国で実施されています。

ベーシックインカムの議論になると、必ずといっていいほど出てくるのが「そんな財源はない」という反論です。「ベーシックインカムなど、理想論、夢物語に過ぎない」という、硬直化した無意味な批判によって、議論は尻すぼみに終わってしまいます。

しかし、よくよく現実を見てみると、その議論の前提を覆すような状況が、一部で生まれています。

本文中で詳しく説明しますが、実は地方都市の中には、住民1人あたりに費やされている公費が、ベーシックインカムを支給するのとほとんど変わらない額になっている地域があるのです。

詳しくは後の章で議論しますが、今後、地方都市の過疎化がさらに進むと、インフラの維持費をはじめとした住民一人あたりにかかる諸経費は、ますます増大していくことが予想されます。そんな状況においてもまだ、ベーシックインカムは「理想論」であり、「夢物語」に過ぎないのでしょうか。

ベーシックインカムに賛成するかどうかは別としても、平成の次にやってくる時代に備えて、今の日本が抱えている課題を改めて捉え直し、固定観念にとらわれない柔軟な発想による解決を模索しなければならない時期が、訪れていると思います。

本書は、２０１８年７月に衆議院議員の小泉進次郎さんと僕（落合陽一）の共同企画で開催された、「平成最後の夏期講習（社会科編）――人生１００年時代の社会保障とＰｏｌｉＴｅｃｈ（ポリテック）」（以下、「平成最後の夏期講習」）というニコニコ動画の生放送番組と、その現場で展開された議論のまとめがきっかけになっています。番組での課題設定や参加者の皆様の議論を下敷きに、僕が改めて考えたこと、平成の次の時代を生きる皆さんに伝えたいと思ったことを書き綴りました。

「平成最後の夏期講習」は、平成元号が終わる前に、皆さんと一緒に今の日本が抱える社会課題について徹底的に考える機会をつくることを目的に開催しました。「スポーツ・健康」「教育・コミュニケーション」「高齢者」「財政」「子ども」「働き方」と、各テーブルに分かれてあらゆるジャンルの最先端で活躍する方々を招集。公共政策と社会問題、それに対してアプローチしうる日進月歩のテクノロジーについて理解していくために、開かれた議論を行ないました。

「人生100年時代を考えるための社会保障基礎講座」と銘打ち、今のわれわれの社会を取り巻く社会保障・国の収支などを含め、課題の把握とその解決のための選択肢を考えていく。政策とテクノロジーの両方を勘案しながら「あれはダメだ、これはできない」ではなく「こういう課題が解決できる、こういう解決策もとりうる」と前向きに話し合っていきました。

手前味噌で恐縮ではありますが、各界からの参加者の皆様と視聴者の方々のおかげでこれ以上ないほど有意義なイベントになったと自負しています。議論されたすべての内容が、これからの時代を創っていくうえで考えるべき論点でした。このイベントの議論をもっとたくさんの人に届けたいし、このイベントを通して僕らや僕自身が考えたことも伝えていきたい——そんな想いで、本書を執筆しました。平成の次の時代、あなたは社会や自分自身のために何をすべきなのか。生きていくうえでの指針を考えるために、参考にしてもらえると嬉しいです。

また、もうひとつ本書のベースにあるのは、「ポリテック」(PoliTech)という概念です。これについては、後ほど小泉進次郎さんとの対談で、詳しくご紹介しますが、これもこれからの時代を考えるうえで不可避であると思っています。

本書の構成は、次のようになっています。

序章では、まず、そもそもなぜ数ある社会的課題の解決のためにテクノロジーを実装する必要があるのかを理解するために、情報技術を取り巻く変遷について、過去を振り返りながら紹介します。

第1章では、序章で明かされた課題を解決していくうえで考慮しなければいけない2つの社会状況の変化である「あらゆる産業における限界費用ゼロ化」と「人口減少によるインフラ撤退の必要性」について解説し、テクノロジーの活用によって可能になる多様な働き方を展望します。

第2章では、高齢者が全人口の28%以上を占める日本において、「高齢者ドライバー問題」をひとつの具体例として深掘りし、「高齢者問題」という漠然とした問題の本質に迫ります。

第3章では、「児童虐待」や「見えない貧困」などの問題を根本から解決するために、育児責任を親に押しつけず、社会全体で支援を進めるための課題について考えていきます。また、このような状況を引き起こした要因として「核家族化」にフォーカスし、コミュニティ整備の必要性について検討していきます。

第4章では、日本の教育の問題点を分析し、教育方針を従来の「標準化」から「多様化」へシフトさせる必要性について考えます。

第5章では、あらゆる社会問題を考えるうえで避けて通れない財政に焦点を合わせ、日本と似通った人口構成にもかかわらずGDPが成長を続けているデンマークとの比較を通して産業構造と行政効率化の問題を突き詰めていきます。

第6章では、日本ではまだ浸透し切っていない「Well-being」（健康で幸福）の考え方に則り、スポーツについて人とつながれる場としての可能性と、社会に実装するための課題を明らかにします。

なお、各章は、僕の考えだけでなく、「平成最後の夏期講習」で論じられたテーマごとの議論のまとめやスピーチも、各章の最後に掲載することにしました（「議論のまとめ」と入っているのがそれです）。

各章の構成は次の通りです。

**〈各章の構成〉**

- **問題提起（イベント時に議論された内容）**
- **落合執筆による全体の議論の包摂的文章**
- **各テーブルの議論のまとめ**

それぞれの議論は、僕の意見と必ずしも同じではないこともありますが、専門分野の第一人者たちが知恵を絞ってまとめた内容になっています。多様な視点で物事を見ていくためにも、ぜひご覧いただけましたら幸いです。また、「グラフィックレコーディング」[*4]という手法を使って、議論を一目でわかるようにしています（本書ではイベントで描いた物をそのまま掲載しました。ライブ感を残すため、多少の誤字・脱字はご容赦ください)。

本論に入っていく前に、そもそもこの企画が始動するきっかけとなった、小泉進次郎さんと僕の対談からはじめたいと思います。

そもそも、「ポリテック」というキーワードは何を意味するのか。本書を読み進めていくうえでの大前提となる内容なので、じっくりと読んでいただけると嬉しいです。

＊1 日本経済新聞「二流国転落を論じられる日本」(「ニュースこう読む」滝田洋一 2011年5月17日付) https://www.nikkei.com/article/DGXNASFK1800D_Z10C11A4000001/

＊2 日本経済新聞「生活保護費の不正受給、過去最多の4万4千件 厚労省」(2018年1月24日) https://www.nikkei.com/article/DGXMZO26083640U8A120C1CR8000/

＊3 朝日新聞デジタル WEB RONZA「AI時代にこそ『ベーシックインカム』の実現を」(井上智洋 2018年1月25日) https://webronza.asahi.com/business/articles/2018011700007.html

＊4 「グラフィックレコーディング」とは、議論や対話などを絵や図などのグラフィックによって可視化するファシリテーションの手法。イメージとして記録することで関係性や構造を直感的に理解する助けになったり、時間軸のある情報を俯瞰的に把握することが可能になる。ちなみに「平成最後の夏期講習」に参加したタムラカイ氏のチームは、単に「絵入りの議事録」としてではなく「議論の場をデザインする手段」としてグラフィックを活用するという想いからグラフィックカタリスト(カタリスト＝触媒)という肩書きで活動を展開

# 目次

## 第2章

## 超高齢社会をテクノロジーで解決する……94

### 「免許証を取り上げなくて済む」社会のために

※本書は2018年7月31日にニコニコ生放送にて配信された「平成最後の夏期講習」をもとに、著者が大幅に加筆して再構成しています。各動画は「タイムシフト視聴」にてご覧になれます。

# 本書をはじめる前に——ポリテックとは何か

「ポリテック」という言葉を初めて耳にする方も多いでしょう。

これは「政治」を意味する「Politics」と、「技術」を意味する「Technology」を掛け合わせた造語です。

僕は「ポリテック」という考え方は、今の日本が抱えている様々な課題を乗り越え、この社会を新しい段階に進化させるための、重要なカギのひとつになると考えています。

いまやグローバルな組織や先進的な国家では、社会問題を解決するにあたって、まず最初に「テクノロジーをいかに活用するか」を考えるのが当たり前になっています。場合によっては、人にテクノロジーをよりそわせるのではなく、テクノロジーに人を合わせるような解決策もとられています。しかし、日本ではそうした発想がなかなか浸透せず、その結果、技術的にも実績的にも世界から遅れをとっているように思います。

たとえば、後ほど小泉さんがお話をされますが、アメリカなどでは、土地改良にあたっては、事前にＩｏＴシステムを使って土地を調査し、最も付加価値が高くなる場所を選定して工事を行なうような取り組みがすでにされているそうです。日本ではこうした公共的なインフラの政策は、利権に関わる関係者間の利害調整によって決まるケースが多い印象があります。テクノロジーを中心とした価値観がすべてだとはいいませんが、結果としてどちらのやり方がより豊かな社会の創造につながるかは明白ではないでしょうか。

それだけではありません。同じアジア圏にある中国と比較しても、日本は、社会システムの選定に技術動向を盛り込むという点で様々な面で後れをとっています。

日本では法規制により参入が阻まれたライドシェアアプリのUber、その中国版ともいえる「滴滴出行（ディーディーチューシン）」というサービスが中国本土で勢力を拡大し、2016年には本家のUberが展開していたUber Chinaを買収しています。日本では旧来的な法規制や古い業界の慣習がいまだに根強く残っており、新興企業が革新的なサービスを広めたり、新たなテクノロジーを社会に実装する機会が生まれづらい状況にあります。管理的な中国の制度には賛否がありますが、単に技術といった意味では、これも日本がアメリカや中国に後れをとっている一因といってよいでしょう。

さらに、中国では政府による強力な支援のもと、最新技術の開発への投資が盛んに行なわれています。巨額の債務を抱える政府と既得権益に執着する企業に阻まれ、なかなか未来のための投資に踏み切れていない日本とは、まったく違った状況が生まれています。この点では素直に学ぶべきところが多いのではないでしょうか。

たしかに今、日本が抱えている問題のすべてをテクノロジーで解決できるかといえば、難しい面もあるでしょう。しかし、戦後につくられた社会制度の多くが耐用年数を過ぎて劣化し、様々な局面でポリティクス（政治）が機能不全を起こしている現状において、テクノロジー（技術）による問題解決を選択肢のひとつとして持っておくのは、この国の未来のために望ましいことだと思います。また、政治体制を考えていた時代に、思いもしなかったテクノロジーが実装されつつある社会背景もあります。

政治とテクノロジーがより深いレベルで融合することで、これから何十年も続く人口減少傾向の中にあっても、人々が幸せに暮らせる社会をつくる。これが「ポリテック構想」の掲げる目標です。

# ポリテックで「失われた20年」は取り戻せるのか

小泉進次郎×落合陽一

**落合陽一**（以下、落合）　ポリテックという概念は、もともと、僕と小泉さんが一緒にラーメンを食べていたときに、「ポリテックってどう思う?」と提案してくれたのが最初でしたよね。実際に社会問題を解こうとするとテクノロジーが不可欠だけど、テクノロジーに合わせたポリティクスが整備されていないがゆえにテクノロジーが使えない、という問題がある。まさに今の日本が真剣に向き合わなければいけないトピックです。

**小泉進次郎**（以下、小泉）　ポリテックは、政治（Politics）とテクノロジー（Technology）を組み合わせた造語で、「テクノロジーによって何が可能になるか」といった観点を、政治の議論の中に取り入れていくことです。でも決して、「何にでもテクノロジーを取り入れればいい」というわけではありません。政策が決められる過程で出てくる政治・

経済といったあらゆる論点の中に、「テクノロジーの観点から見るとどうなのか？」といった視点を新たに加えたいのです。これは医療におけるセカンドオピニオンのようなものと考えるとわかりやすいと思うのですが、そうすることで、政策の意思決定過程に多様性が生まれます。

**落合**　今は「テクノロジーで何ができるか」「テクノロジーでどう変わるのか」という二軸をどちらも考えていかなければいけないのだけれど、それが政治的な議論の俎上（そじょう）にすら上がってきていませんよね。

**小泉**　語られる環境を整備するのは大切です。たとえば、金融界では誰もが口を揃えて「フィンテック」の重要性を叫んでいる。それを「わかった気になっているだけなんじゃないか」と批判する人もいますが、僕はそれをあまり否定的に捉えていません。「フィンテック」という言葉が普及しているだけで一歩進んでいると思うからです。議論に上がるのとそうでないのでは大違いです。

## 政治的な会議中にPCを開かないのは、日本人だけ

**落合**　そもそも、なぜポリテックが必要だと考えるようになったのですか？

**小泉**　最近、特に感じることなのですが、現代は、社会・政治・国際関係などあらゆる分野で、テクノロジーが破壊的なスピードで大きなインパクトを与える時代になっています。政治家も今までのように政治・経済・社会分野だけを見ていればよいのではなく、テクノロジーについても深い知識を身につけなければいけません。そんな話を若手議員たちとディスカッションする中で、「ポリテック」というキーワードにたどり着いたんです。

その第一歩として、人工知能研究の第一人者である、東京大学大学院特任准教授の松尾豊先生などをお招きした勉強会を開催したりしています。日本の未来を考える会議の1回目の講師がテクノロジー関係の人だったことは、政治では今までなかったと思います。

**落合**　平成の日本が「失われた20年」と呼ばれる低成長の時代を送ってしまった大きな原因に、最新情報テクノロジーの活用が遅れていた点があります。たしかに、テクノロジーを導入するためにポリテックのような議論を行なうことは、一時的にはコストがかかります。制度、規制など、議論すべきことは尽きませんからね。ただ、その一時的なコストを支払わなかったために、生産性向上という大きなリターンを得ることができなかった。実際、ＯＥＣＤ加盟国の中で、日本の１人あたりの生産性は21位です（２０１７年版・日本生産性本部調べ）。

**小泉**　おっしゃる通りですね。もっと低いレベルの話をすると、そもそも今の日本の政治は、テクノロジーにオープンではない。たとえば国会で、本会議はパソコン持ち込みはダメ。委員会で認めていないところもある。議論に必要な調べ物をするために会議中にスマートフォンを触っているだけで嫌な顔をされる。

**落合**　そういう人多いですよね。国際会議などでは、パソコンを開きながら議論するのが当たり前になっている中で、日本の政治的な会議ではなぜだかそうしないことも多い。以前、政治家の講演会に申し込もうとしたら、申し込み方法がFAXしかなくて驚きました。「FAXなんて家にないんだけど、どうしたらいいんだろう」って（笑）。

## テクノロジーの後に政治を考えるのでは手遅れ

**落合**　ポリテックの概要がわかったところで、具体的な議論に入っていきましょう。現代は、都市部と地方部の分断がどんどん進んでいますが、こうした格差問題を解消するためにテクノロジーが役立ちます。地方の人口が減っていくにつれ、水道や電気といったハード面や社会制度などのソフト面を維持するためのコストが増えていきます。たとえば、高齢者が数人しか住んでいない限界集落があったとして、そこに東京と同じインフラを整備するのは、明らかに効率が悪いですよね。

**小泉**　とはいえ、そういった地方を見放すわけにもいきません。

**落合**　もちろんです。そこで、テクノロジーが必要になるのです。テクノロジーを活用すればサービスを複製するためのコストが安くなるので、人口が少ない地域にも効率的にインフラを提供できます。

たとえば、選挙ひとつとってみても、投票所を整備するよりも、インターネット上で投票できる仕組みを導入したほうが、明らかにコストが安く済む。そういった、現状のスマホなどのコモディティハードウェア上で動作するソフトウェアテクノロジーは、ハードウェアへの大規模な投資が難しいという地方のハンディキャップを埋めてくれます。

**小泉**　テクノロジーを活用すれば、「どこでも学べて、どこでも働ける」状況をつくり出すことができます。すると、今後は地方のほうが有利なケースも次々に生まれてくる。食や自然の魅力も今まで以上に人を呼び込む力になる。

**落合**　今後はインフラを維持できるところと、維持できないところとが出てくると思うのですが、維持するコストを払えないところは、どうしたらそのインフラのコストを最小化できるのかを、ポリとテックの観点から考える必要がある。近い将来、そんな状況が色々と出てくるのではないでしょうか。

## キャッシュレス化・自動運転……政治が技術による発展を阻む!?

**落合**　話は変わりますが、キャッシュレス社会への移行も、ポリテックで議論されるべきトピックですよね。現金ではなく電子マネーを使えば、現金を数える手間もなくなるし、全部記録されるがゆえに脱税なども防げる。こうした点も踏まえ、いかにしてキャッシュレス化を進めるか議論する必要があります。

**小泉**　おっしゃる通りです。テクノロジーを使うという発想がないから、明らかにテクノロジーを導入したほうがメリットがある場合でも、そういった議論にいきつかないのです。

**落合**　とはいえ、キャッシュレス化については、実はすでに現金を使うことによってデメリットが生じる仕組みにはなっているんですけどね。現金を使うためにはATMで手数料を支払ってお金をおろす必要がありますが、これは事実上の「現金税」のようなものです。にもかかわらず現金信仰がなくならない以上、政治の面からもっと強力な仕組みを整備する必要があります。

**小泉**　同じようなことが、農業分野でもいえます。「土地改良」は、急斜面の農地をなだらかにしたり、水路を引く工事をしたり、農地の集約をしたり、生産性を高めるうえでも大事なことは間違いない。それに現状は年間３０００億〜４０００億円ほど使っています。

最近はアメリカなどで、土地のデコボコをＡＩ（人工知能）で解析して、効率的に付加価値を生み出すための改良場所を導き出すテクノロジーが出てきているのですが、日本では一切そういった動きはない。日本でもそういった取り組みが普及するように農水省に働きかけています。

**落合**　なるほど、それは明らかにＡＩを使うべきですね。２０２３年までに７機の準天頂衛星の運用がはじまり、ＧＰＳの性能は劇的に向上します。われわれは技術的には自動運転やロボティクスによって、ＡＩ農業を行なうことができるようになるはずです。

あと最近ホットなテーマでいうと、自動運転についても、整備しなければいけない法的なルールがたくさんあるので、政治の場で議論されるべきでしょう。

**小泉**　僕が政務官を務めていたときにも提言しましたが、どこかの離島を自動運転車のみが走る場所にするなど、政府主導で社会実験していくことが求められると思います。

**落合**　このような話は、試験運用のレベルでは技術的にもう十分可能なんです。しかし、それに政治が追いついていない。テクノロジーが完成された後に政治が対応するのでは遅くて、テクノロジーが出現しはじめた段階で議論されるべきだと思います。テクノロジーと政治、同時並行で考えていかないと世界の動きから取り残されてしまいます。特にわれわれは人口減社会に入りますから、テクノロジーを実装しながら、そこにどういう法律を適用すべきかを、同時に走りながら考える土壌をつくらないと、間に合わないのではないかと思います。

**小泉**　その点でいえば、政府にもＣＩＯ（チーフ・インフォメーション・オフィサー）

という役職がある。とはいえ、まだ、各省のCIOはその分野に本当に詳しい人がなっているかというと、官房長という立場の人の「充て職」になっているのが現実。前向きな動きもありますが、物事が進むスピードはまだまだ遅い。自民党ではIT化を本格的に進めていくことになり、政策責任機関の政務調査会の完全ペーパーレス化に向けて動き出しました。政治のテクノロジーに対する理解を加速するきっかけになると思う。

## 「電子黒板を導入すればOK」ではない

**落合** 今後ポリテックを普及させていくためには、教育がカギになるのではないかと思っています。何か問題があったら、属人的な手法でなく、まずテクノロジーで解決しようというのが、グローバルスタンダードじゃないですか。政治とテクノロジーを同時に考えていく思考を、教育段階で育くんでおく必要がある。

**小泉** そこで誤解されたくないのは、「とりあえず電子黒板を導入すれば教育のIT改革になる」といった考え方は違うということ。

**落合**　そういう人いますよね。風景ありきの議論で、ハード導入で終わる人。

**小泉**　もちろん、電子黒板が悪いと言っているわけではありません。しかし、それはあくまでもひとつの方法論に過ぎません。未来の若者たちがしっかりとポリテックについて考えていける素養を身につけられるように、根本的にカリキュラムを見直す必要があるのです。

**落合**　今の学校のカリキュラムだと、たとえば「テクノロジーは、われわれに何をもたらすか」といったテーマは教えられませんよね。そういった内容も教育に組み込むことで、深くポリテックの概念が浸透するはずです。

**小泉**　若い人は教育でカバーすることもできるとして、もう教育を受け終わった大人たちについては、テクノロジーを使いこなせる人とそうでない人のテクノロジーデバイドが問題になってきます。

**落合**　結局、テクノロジーそのものと、テクノフォビア[*1]のようなリテラシーは「鶏と卵」なので、同時並行で解決していかなければいけません。

**小泉**　以前自民党の会議で、紙の資料を配るのをやめてFacebookに資料をアップした際、ものすごい反発があったんです。「紙の資料を配るのをやめたら、秘書さんがその資料を持って支援者の方たちに渡す仕事がなくなっちゃうじゃないか」と。テクノロジーで代替可能な仕事なら、その人たちには、人間にしかできないような仕事に注力してもらえばいい。そうすれば、汗をかくべきところに汗をかける。

**落合**　そもそも日本はこれからどんどん人口が減っていくので、技術により省人化するのは好都合ともいえる。むしろ、機械に任せられる仕事はどんどん任せていかないと、人手不足になってしまいます。ポジティブな撤退で強くなれるはずなんです。

現場では、そういったことを、できるだけ具体的に説明してあげる必要がありますね。「これを使うと講演会での事務作業が大幅に減りますよ」とか「2時間かかっていた仕事が30分で終わりますよ」とか。紙の資料をデジタルに変えたら、具体的にどんなことが楽になるのかを丁寧に説明しないと、その恩恵と導入コストをイメージできないと思うので。泥くさくても現場から変えていかないといけない。

**小泉**　とはいえ、世代論だけに回収してしまうのもよくないですよね。

**落合**　70代でもテクノロジーが大好きな方はいるし、20代でもテクノロジーへのリテラシーが低い人もいます。そもそも「テクノロジーを使う」という言い方があまり正しくない。テクノロジーそれ自体は、人間の外側にあるものではなく、人間の身体とつながった相互作用の中にある、いわば生態系みたいなものだと思うのです。

「新しい技術が登場したから使ってみよう」ではなく、「今テクノロジーでこんなことができるから、こんな制度の整備が必要です」といった議論、つまり、テクノロジーを外部にあるものとは捉えずに、この社会の一部として理解し、相互作用を高めていくための議論や自由度を残すルールづくりを繰り広げていかなければいけません。

## 「ポリテック」は名前をつけた時点からスタート

**落合**　さて、ポリテックに関する様々な論点が出てきたところで、そろそろ本編に入るために、締めに入っていきましょうか。

**小泉**　テクノロジーによって、本当に破壊的なスピードとインパクトが生まれる時代の中に、われわれは生きているんですよね。

最近、同世代の議員たちと「ポスト平成の日本はどうあるべきか」と議論する中で、「平成とはどのような時代だったのか」を総括しているんです。実はその勉強会に、落合さんもお招きしていたりして。政治家の勉強会に落合さんのような最先端テクノロジーの専門家が参加してくれること自体も実は結構新しいことだし、これからはポリテックが当たり前のように考えられるようになっていくといいなと思っています。そのために、今回落合さんが書かれるこの本がコンパスを指し示せたらいいですね。

そして政治にとっては、テクノロジーをどのような意思を持って、社会の問題解決や次世代のインフラに使っていくかという、その意思が大事なのだと思います。テクノロジーは国境を越えますから。そして、これからのＧ７やＧ20といった国際協調の場で、日本がテクノロジーについて語る、ということはやっていかなければならないことだと思います。

**落合**　僕はまず、このポリテックという言葉をみんなが使うところからスタートすべきだと思います。言葉は魔力を持っています。最初のうちは意味がはっきりしないまま、ただのバズワードとしてツイッターでつぶやかれるだけかもしれませんが、そのうち人々の間で共通の観念が育まれ、言葉への理解が深まることで、そこから地に足が着いた議論がはじまるのを期待したいです。

政治家が向き合っているような問題を、テクノロジーの力で解決しようとしている人たちはたくさんいます。しかし、どんなに熱い想いを持って取り組んでいても、政治の世界はテクノロジーの観点で物事を考える習慣がないため、なかなか理解者が増えず、その熱意を活かせずにいるのだと思います。

そういった人々の想いを邪魔しないためにも、ポリテックが当たり前とされる空気を社会全体でつくり上げていくべきだと思っています。

こういった活動に名前をつけた今この時点から、「ポリテック」計画のスタートです。われわれの社会にとっては、ピンチがチャンスに変わる瞬間なのだと信じています。

＊1 「テクノフォビア」＝コンピューターなどの最新の科学技術に対する拒絶反応のこと

# 序章

# テクノロジーと日本の課題を探る

## 「現在」から「次の時代」のために

序章では、これから日本の未来を論じるにあたって、皆さんと共有すべき前提となる知見を提示したいと思います。

これから日本が立ち向かわねばならない喫緊の課題は、「人口減」と「高齢化」でしょう。

2050年代には、日本の総人口は1億人を切るといわれています。また、65歳以上の人口は、日本の全人口のうち3割を超える見通しです。[*1]

その一方で、テクノロジーの発展には目覚ましいものがあります。

5Gの登場でスマホの通信速度は100倍になり、次世代GPSによって位置情報はセンチ単位になり、AIやロボットは着実に社会の中で存在感を増しています。

まだ誰も見たことがない社会がはじまろうとしている今、まさに平成という年号も終わろうとしています。

日本の現状を正しく捉え、改めて課題を認識するには、ふさわしいタイミングといえるでしょう。

この序章では、ヤフーCSO（チーフ・ストラテジスト・オフィサー）の安宅和人さんにご登場いただきます。

前半は僕が今後のテクノロジーが果たすべき役割について解説し、後半は安宅さんに財政的な面から日本の現状と課題について論じていただくことにしました。

「限界費用ゼロ」化へ――

# 今必要な、テクノロジーと社会のパラダイム・シフト

落合　陽一

## テクノロジーの現在地

ＡＩ（人工知能）、自動運転、ブロックチェーン、ＡＲ（拡張現実）、ＶＲ（仮想現実）、５Ｇ――。近年、様々なテクノロジーが注目を集めています。書店に足を運ぶと、こうしたテクノロジーについて解説した書籍を目にすることも珍しくありません。

しかし、最新のテクノロジーについて正確に理解していると自信を持って言える人は、実はあまり多くはないのではないでしょうか。ここでは、個別の議論をはじめる前段階の準備として、テクノロジーの現在地と今後について解説します。ページの関係上、細部まで踏み込んだ解説はできませんが、日本の未来を考えていくための必要

## 図表0-1　情報技術を取り巻く変化

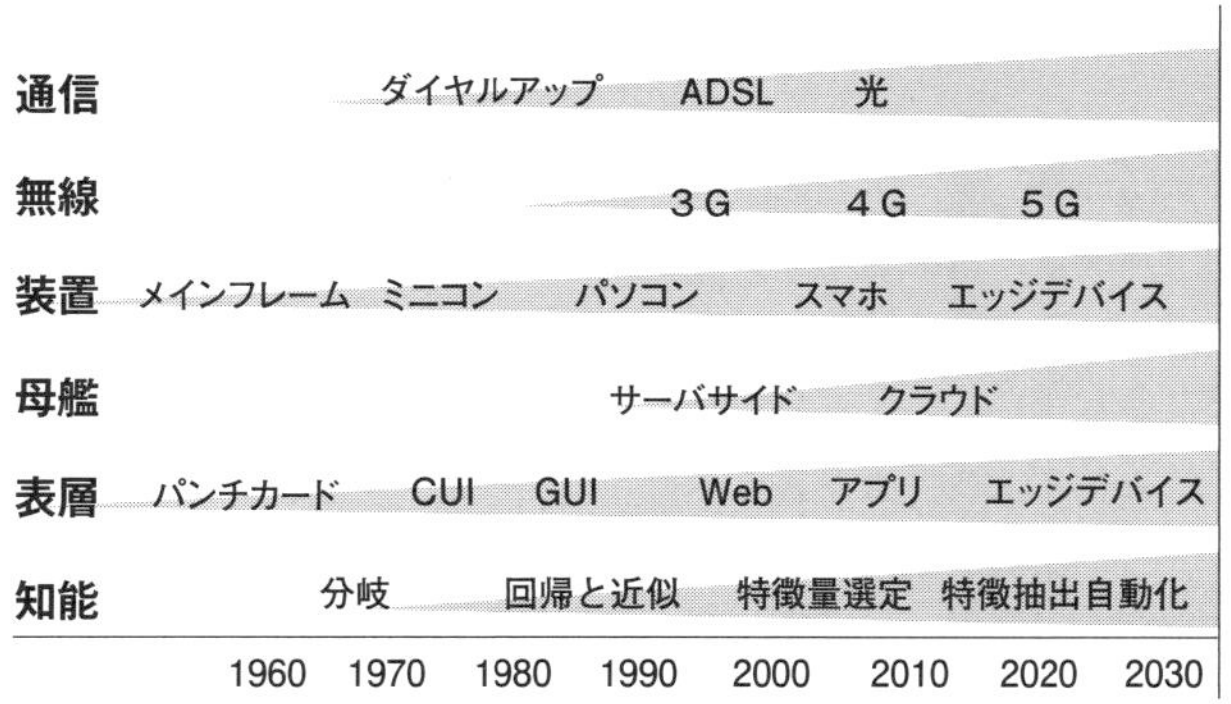


最低限の知識を身につけていただければ幸いです。

まず、現在のテクノロジーを取り巻く状況、その理解の解像度を上げていくために、1960年代以降のコンピュータの進化を「通信」「無線」「装置」「母艦[*2]」「表層」「知能」の6つのジャンルに分けて、それぞれの潮流の変化を見ていきましょう(図表0-1)。

まずは通信インフラです。90年代のインターネット接続は、電話の音声と同じ周波数帯でデータを送信する「ダイヤルアップ」が主流でしたが、アナログ電話回線にデジタル信号を多重化して乗せる方式「ADS

L」が登場し、通信速度が100~1000倍ほどになりました。現代の主流は、光ファイバーケーブルを使用してレーザー光で通信する「光回線」で、通信速度はさらに100~1000倍ほど向上しています。[*3]

携帯電話の無線通信も、2000年代には「3G」が主流でしたが、2010年代に入ると「4G」回線が登場し、通信速度が10~100倍になりました。次世代規格「5G」は2020年に運用開始予定で、通信速度はさらに100倍ほど増す見込みです。[*4]

次はハードウェアです。ここでは私たちが直接接触する端末を「装置」、ネットワーク上で処理を行なうサーバのような機械を「母艦」と呼んでいます。

まずは「装置」。1960年代のコンピュータは、企業や大学などの基幹業務で使用される「メインフレーム」のことでしたが、80年代以降、小型化・低価格化した「パソコン」が普及します。2000年代に入るとスマートフォンが登場し、やがてパソコンの機能の大部分を代替するに至ります。そして現在、日用品や家電などの「エッジデバイス」[*5]がネットワークが接続される「IoT」が社会に実装されつつあります。Google Home や Alexa といったスマートスピーカー、Philips Hue などのスマートLED証明、Apple Watchをはじめとするスマートウォッチなどが、その例として挙げられるでしょう。

装置が接続される「母艦」も変化しています。2000年代まではネットワーク上で、様々なツールのバックグラウンドとして機能していたサーバーが、群れをなし、負荷管理を秘匿化しその機能の一部を切り出してユーザーに提供する「クラウド」になります。

この転換と歩調を合わせていたのが「表層」、つまりユーザー・インタフェースの進化です。文字列によるコマンド入力のCUI（キャラクター・ユーザー・インタフェース）から、マウスで画面内を操作するGUI（グラフィック・ユーザー・インタフェース）への移行。2000年代のWeb2・0ブーム以降、画面上の処理の多くをサーバー側が担うようになり、ウェブサービス全盛の時代が訪れます（ウェブで提供されるサービスは、手元にあるパソコンではなく、主にそのサービスを提供する側のコンピュータで処理されています）。さらに、スマートフォンの普及で「アプリ」の概念が一般化して、作業に応じてインタフェースがそれぞれ固有にデザインされるような変遷を経て現在に至るのは、皆さんもご存じの通りです。

今後、ユーザーインタフェースはエッジデバイスによってハードウェアと融合していくでしょう。Ｓｕｉｃａ対応の自動販売機、センサー付き配送車など、身近な生活の機器がネットワークに接続されることで、コンピュータはそれと意識されることなく、私たちの周辺に偏在するようになるのです。

そして近年、急速に注目されるようになったＡＩ。コンピュータは人間が提示した条件に従って判断を行なう機械でしたが、機械学習の登場以降、人間が目的を提示すれば自動で判断基準を見つけ出せるようになりました。今もなお高度化の一途をたどっているＡＩは、状況によっては人間には不可能な認識と判断が行なえる、まったく新しい形の「知能」になりつつあるのです。

## 「限界費用ゼロ化」[*6]のための3つのメソッド

こういったテクノロジーの進化は、あるひとつの共通の指向性を導き出します。それは「限界費用ゼロ化」です。第1章でも論じますが「限界費用」とは、財やサービスをある生産量から一単位多く生産するときに伴う、追加的な費用のことです。要はすでに開発や製作が終わっているプロダクトやコンテンツを量産するときにかかる費用と考えるとわかりやすいでしょう。

2000年代以降に急成長した事業の多くは、何らかの方法で限界費用を減らすことに成功しています。今後のビジネスの成功を占ううえで、「限界費用ゼロ化」は、必ず抑えておかなければならない概念だと僕は考えています。

では、実際にどのような方法によって限界費用は抑制されているのでしょうか。ここでは「仕事のAI化」「事業のプラットフォーム化」「インフラの再活用」の3つに整理して、解説していきましょう。

まずは、「仕事のAI化」です。最近、人間とほぼ変わらない水準の技術でイラストに着色できるAIが登場しているのをご存じでしょうか。たとえば、このAIは人件費も追加費用もなく、無限に着色を続けることができます。必要なのはコンピュー

タを動かすための わずかな電気代だけです。もちろん実環境への導入が可能かどうかは議論が分かれるにしても、ここでは限界費用のゼロ化がほぼ実現されています。こうしたAIによる人間の労働の代替は、すでに一部の企業の業務、ヘルプデスクや経営分析などで実現しています。

ただし、AIが安定したパフォーマンスを発揮するまでには、一定の学習コストがかかります。着色AIにしても、あらゆる画風のイラストに最適な色を判断して着色する汎用性はありません。安定して性能を発揮するには、与えられた条件下で試行錯誤を繰り返すプロセスや、効率的に学習を進めるためのチューニングが必要です。

現状のAIは、「着色」や「分類」といった、多くの人間が行なえる技能を代行する形で社会に取り入れられていますが、将来的には、特定の個人の仕事を代替することに特化したパーソナルAIが普及すると予想されます。そのAIは、個人のデータセットから学習し、個人が行なう機械的作業のある程度の割合に最適化する形で精度を高めていくことでしょう。私たちが普段手を煩わせている事務処理は、いずれこのパーソナルAIによって代替されると思います。

2つ目の「事業のプラットフォーム化」は、いわゆる「場」をつくることです。たとえば、アップルが最初に発売したiPodは、CDから音楽を取り込んで聴くための機械でした。そこにiTunes Store、AppStoreというプラットフォームが追加されたことで、音楽をダウンロードして聴けるようになります。iPod（ハードウェア）とコンテンツ配信（プラットフォーム）がセットになり、より収益が上がる仕組みになったのです。

プラットフォーム化は顧客を囲い込むだけでなく、家賃や人件費などのコストも削減します。アマゾンはインターネット上にしか存在せず、ほぼ実店舗もなければ販売員もいませんが、世界中から買い物ができます。

プラットフォーム化した事業は、様々な顧客データを自動的に取得できるのも強みです。グーグルは、そのデータを利用することで、広告主に魅力的な提案を行なったり、新たなサービスへのチャレンジをしています。

さらに、ユーチューブやインスタグラムといったプラットフォームは、ユーザーが投稿するコンテンツによって巨大なエンターテインメントサービスとなっています。企業は場の維持・管理をするだけで、コンテンツ自体は何も作り出していません。こ

## 図表0-2　米国イノベーティブ産業の海外売上高推移

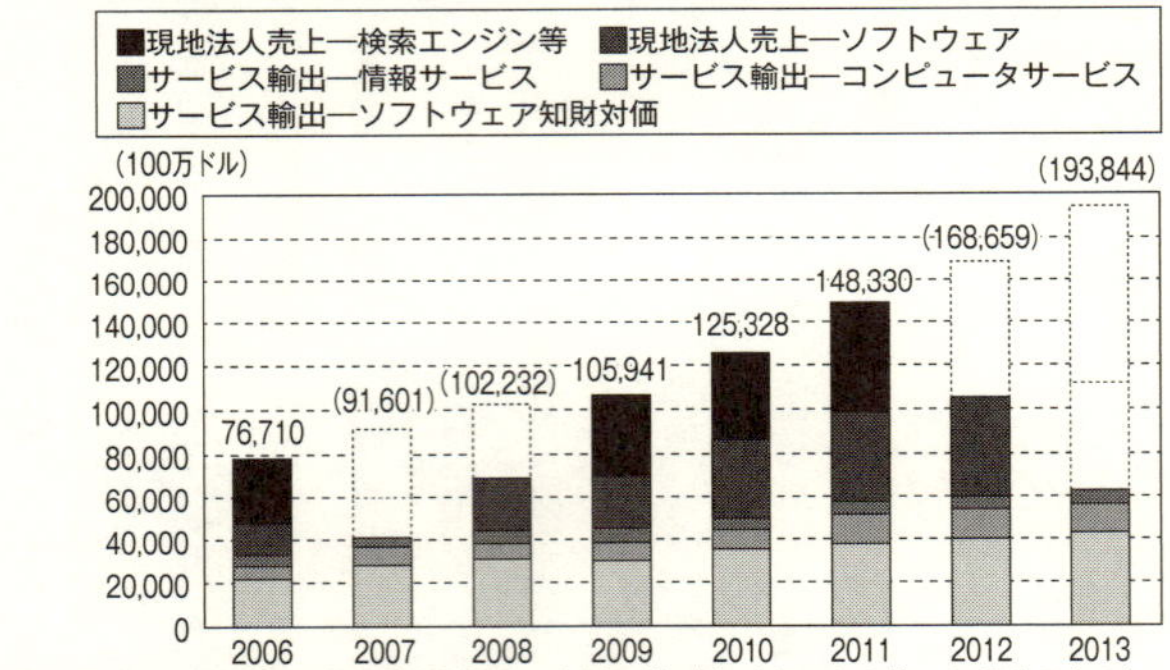


備考：中抜き点線部分は推計（将来推計は直近の伸び率がそのまま続いた場合のもの）
資料：米国商務省から作成
出典：経済産業省「通商白書2016」

れはプラットフォームとスマートフォンの普及によって、限界費用のゼロ化が極限まで推し進められた事例といえるでしょう。近年、アメリカでプラットフォーム関連の企業が高収益を叩き出し、右肩上がりで業績が伸びているのは、こういった理由によるのです（図表0－2）。

3つ目の「インフラの再活用」の例には、ビデオ通話サービスとして知られるSkypeが挙げられるでしょう。Skypeは電話より高機能であるにもかかわらず、通話に費用がかかりません。Skypeが無料でサービスを提供できるのは、通信網や施設を自前で管理する必要がないからです。インターネットにタダ乗りしているSkypeは、通信事業に欠かせないネットワークのコストをゼロ化しています。そのため、基本的なパッケージは無料で提供できるのです。

このやり方が有効なのは、インターネットサービスに限りません。電気でも水道でもガスでも、今あるインフラの上でソフトウェア的に新しいサービスをはじめれば、インフラのコストを負担しない分、限界費用の小さい事業になる可能性があります。既存のネットワークインフラを有効活用することは、限界費用ゼロ化への近道のひとつなのです。

ここまで挙げた「限界費用ゼロ化」の根底にあるのは、初期投資を可能な限り抑制し、人間の介在を減らすことで人件費を削減するという、ごくシンプルな発想です。誰でも思いつくようなアイデアに聞こえるかもしれませんが、その程度のことが日本の社会ではいまだに実現できていません。自動化できるところは自動化し、コスト削減できるところは削減する。その努力を進めていくしかありません。

身近な例を挙げるなら、ユーチューブはメールアドレスだけでアカウントを開設できますが、銀行口座の開設には窓口で印を押さなければなりません。人件費、土地代、移動費、紙代、あらゆる部分で余分な追加費用がかかっています。

もうひとつ例を挙げましょう。ハードウェアを製造する際、専門業者を使わずにアマゾンから購入した部品で組み立てれば、当然限界費用は下がります。確かに品質的にはそこそこでしかなく、日本の技術者の中にはそれを嫌がる人もいるのですが、安く手に入り目的を達成できれば問題はないわけです。そういう効率的な「当たり前」をもっと増やしていくべきだと思います。

今、日本が抱えている最も大きな問題に「少子高齢化」があります。日本の総人口は減少期に入っており、2015年には1億2709万人だったのが、2025年には1億2254万人、2055年には1億人を切ると予想されています（日本の将来推計人口・平成29年。推計・死亡・出生中位仮定）[*7]。年齢別に見ていくと、2015年には65歳以上が26・6%だったのが、2025年には30%、2055年には38%と、全人口の3分の1以上を高齢者が占めるようになります。[*8]

その影響により労働者人口は減少し、高齢者を支える介護職の人材も不足するでしょう。この流れに抗う鍵は「省人化」と「自動化」です。これからますます顕著になる人手不足を補填するために、テクノロジーを最大限活用して「省人化」と「自動化」を進めていく必要があるのです。

労働を効率化することを考えるにあたり、20世紀までの社会は「標準化」によって回されてきましたが、今後は多様性を前提にした「パラメータ化」、つまり個々人にとって最適な形の解決策を適用することで、社会を回していかなければならないでしょう。

ここでは、日本の抱える様々な社会的課題について、どう「パラメータ化」していけばいいのか、これから一緒に考えていきましょう。

# お金はあるのに、未来に投資できていないのはなぜ？

ヤフー株式会社ＣＳＯ　安宅　和人

ここでは、日本において、未来に向けてどのようにリソースが投下されており、そこにどういった課題があるのかを解説します。

国家としての日本に、お金がないわけではありません。日本の一般会計予算と社会保険、その運用益を合わせると、１７０兆円規模になりますが、これよりも大きい規模感の国は、基本的にアメリカと中国しかありません。しかし、見かけ上の予算規模が大きくても、未来への投資に充てている費用が限りなく少ないという問題があるのです。

日本のＧＤＰは世界3位ですが、人口８０００万人と日本の3分の2の規模のドイツに並ばれかねない状況にあります。なぜかというと、世界的に生産性が上がる中、

## 図表0-3　旗艦産業ですらG7でトップになれていない

日本を1とした場合の産業別生産性（1時間あたり付加価値；購買力平価換算；2015）

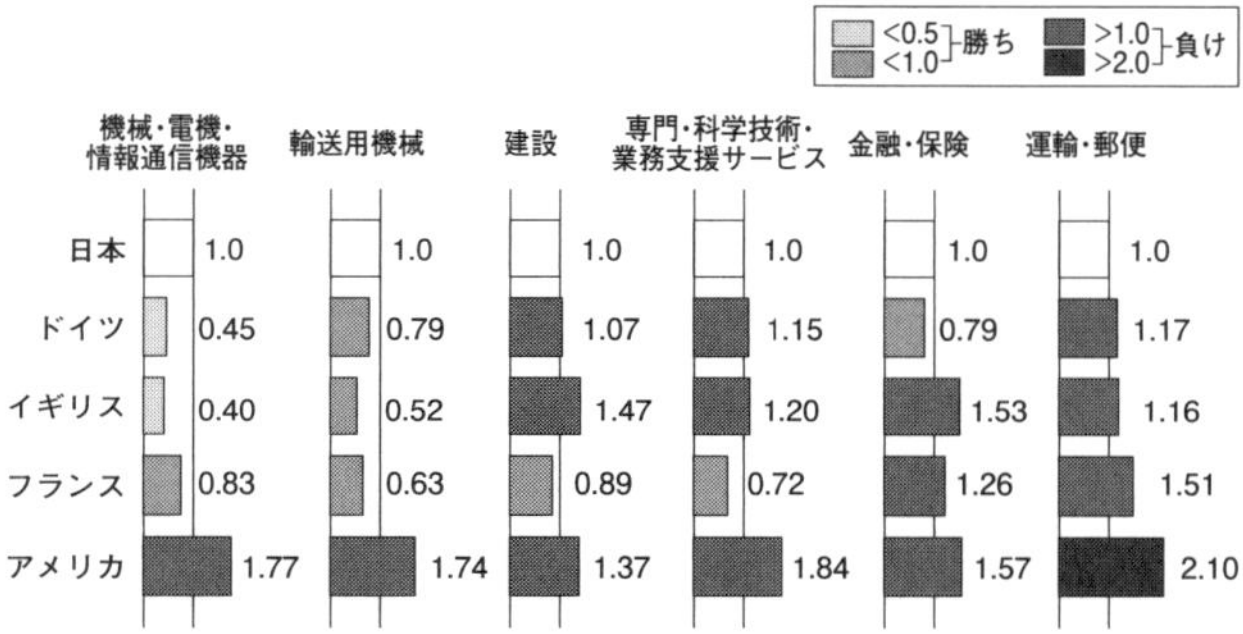


資料：滝澤美帆「産業別労働生産性水準の国際比較」
（2018.4　日本生産性本部　生産性総合研究センター）をもとに安宅和人分析

1人あたりの生産性を伸ばせていないからです。現在、日本の生産性は、世界30位前後で、1960年代くらいの順位に戻っています。先進国の中で1人負け状態なのです。1時間あたりで生み出す付加価値で見てみると日本のフラッグシップというべき産業ですら、G7トップではありません（図表0−3）。

他の産業もあらかた生産性が低く、小売りはアメリカやドイツの3分の1の水準、情報・通信は半分以下など、歴然と低い分野もあります。農林水産に至っては、なんとアメリカの40分の1、西欧主要国の10分の1以下という水準。全体として、著しく生産性が低い国家となってしまっている、巨大な伸び代を抱えた状態なのです。

では、生産性アップに向けてしっかりとリソースが割けているのかというと、残念ながらそうではありません。日本は、最低賃金がG7中最下位で（統計値がないイタリアを除く）、フルタイムワーカーと最低賃金の方との賃金格差も大きく、「弱者を酷使」することで回している経済といえます（図表0-4）。

国力に見合ったR&D投資もできておらず、中国との国力（GDP）差は約2・5倍、アメリカとは約4倍ですが、R&D費では中国とは約4倍、アメリカとは約5倍の差がついています（図表0-5）。


主要国の中で唯一Ph.D取得にお金がかかる国でもあります。

結果、日本の博士号取得者数は減少するという、世界的に見ると異例の事態を招いてしまっているのです（57ページ図表0-6）。

日本では大学教員に払っているお金も少なく、給与水準が数十年間変わっていない結果、すでに米国とは倍近くの差が開いています。

このように、現代は全世界的に歴史的な技術革新期であるにもかかわらず、日本は国

## 図表0-4　最低賃金がそもそも低い

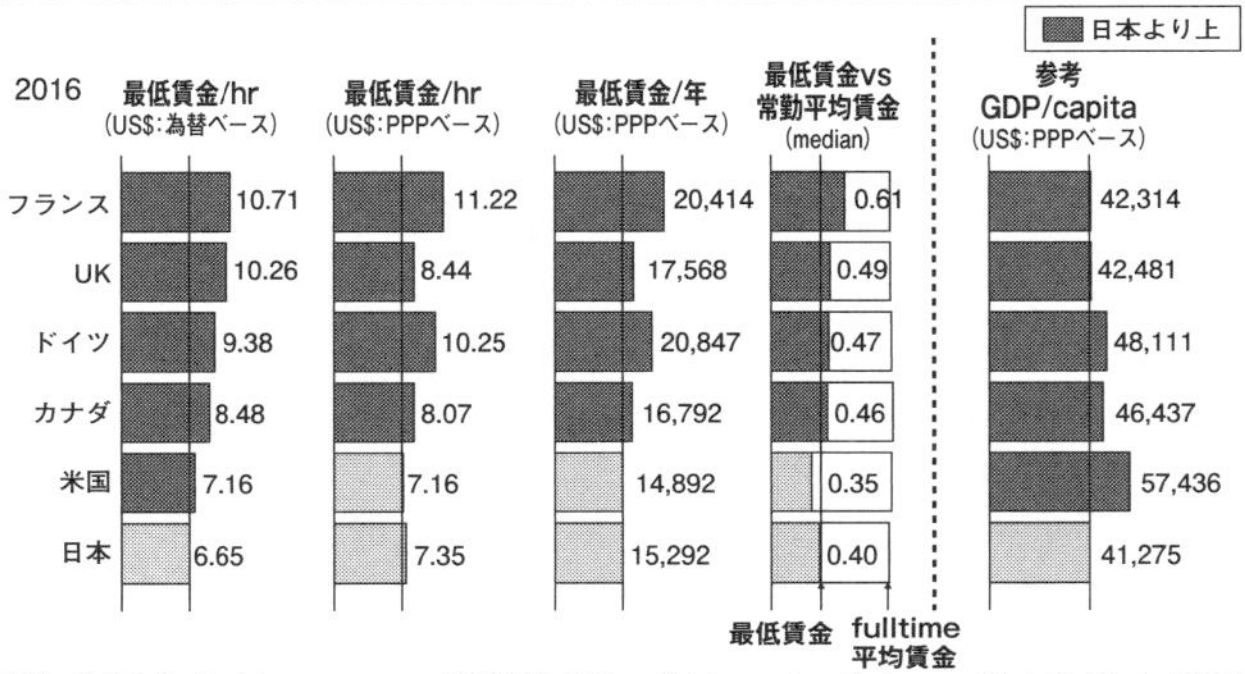


資料：OECD Real minimum wages – OECD.Stat(https://stats.oecd.org/Index.aspx?DataSetCode=RMW)
IMF World Economic Outlook Database,April 2017(https://www.imf.org/external/pubs/ft/weo/2017/01/weodata/weoselgr.aspx)David Atkinson氏の分析に示唆を受け、安宅和人分析

## 図表0-5　国力に見合ったR&D投資ができていない

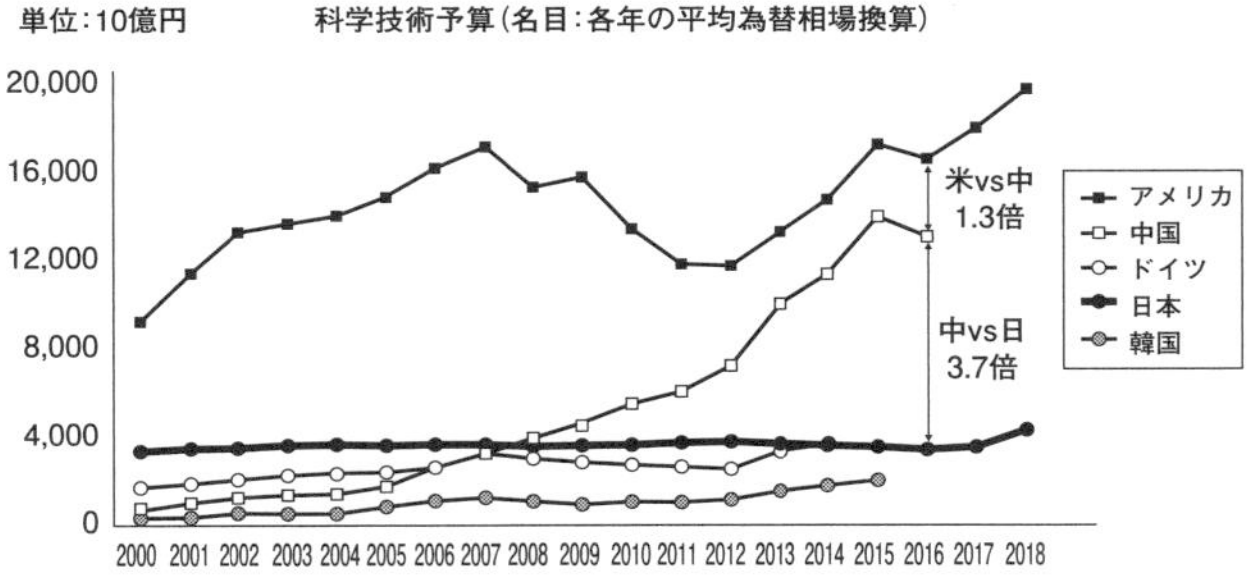


資料：
・文部科学省　科学技術・学術政策研究所、「科学技術指標2017」
・全国科技経費投入統計公報　http://www.stats.gov.cn/tjsj/zxfb/201710/t20171009_1540386.html
・Science　http://www.sciencemag.org/news/2018/03/updated-us-spending-deal-contains-largest-research-spending-increase-decade

力に見合った人材開発、R&Dへの投資ができていません。それはなぜなのでしょうか。
まず大きな問題点として、国家の一般会計予算約100兆円のうち、人材開発やR&Dを含む普通の国家予算に使える「真水」が少ない点が挙げられます。3分の1は社会保障費の補填、4分の1が残債払い（国債費）に消えていき、地方交付税なども引かれるので、「真水」として残るのは約4分の1である約26兆円だけです。国防費5兆円（参考：米国約69兆円、中国約26兆円）を差し引くと約21兆円です。また、社会保障費は本来は膨大な社会保険料によって本来賄われるはずなのですが、120兆円近くもあるため45兆円ほど不足しており、これを国費および地方で補填しています。

社会保障費の内訳を見てみると、年金が60兆円弱、医療費が40兆円弱あり、医療費の3分の2近くはシニア層に使われています。しかも、ここにある過去の残債というのはいわば昔の社会保障費なので、合わせて106兆円が、シニア層および過去に使われているということになります（図表0-7）。

さらに、一般会計予算は30年近くかなり増えてきたのですが、ここに占める「真

## 図表0-6　日本の博士号取得者数は減少、世界的に異例

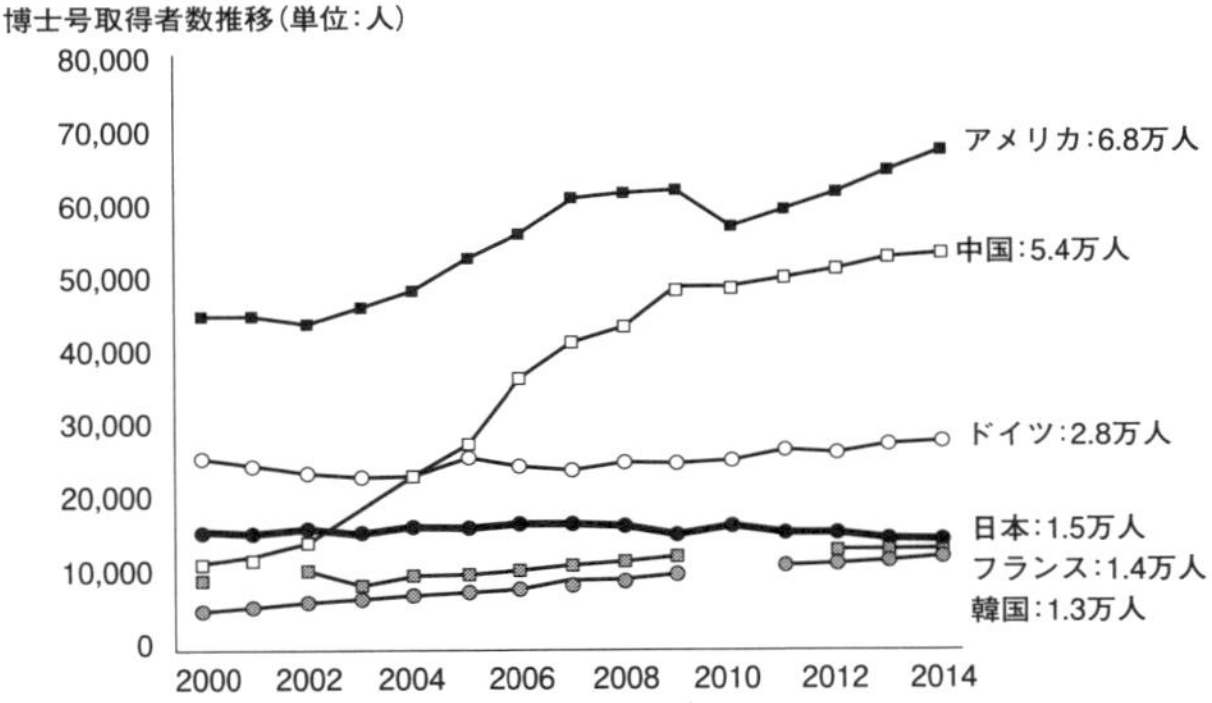


資料：NFS「Science&Engineering Indicators 2018」
※フランス2010年2011年、韓国2010年はデータなし

## 図表0-7　国としてのP/L：シニアと過去に大半を投下

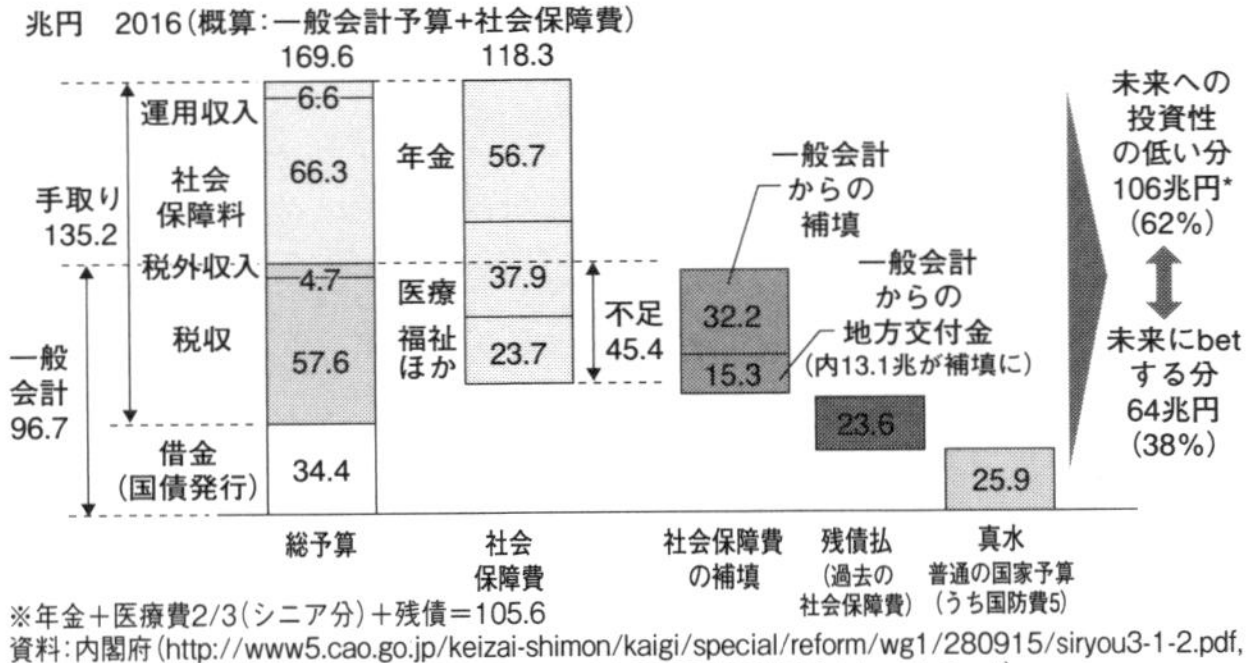


※年金＋医療費2/3（シニア分）＋残債＝105.6
資料：内閣府（http://www5.cao.go.jp/keizai-shimon/kaigi/special/reform/wg1/280915/siryou3-1-2.pdf, http://www5.cao.go.jp/keizai-shimon/kaigi/special/2030tf/281020/siryou1_2.pdf）、
財務省（https://www.mof.go.jp/budget/budger_workflow/budget/fy2016/seifuan28/03.pdf）
安宅和人"未来にかけられる社会にしたい" http://d.hatena.ne.jp/kaz_ataka/20180526/1527308271

水」部分はほとんど増えていません（図表0－8）。この増分は社会保障費の補填分と残債（国債費）だからです。

また、社会保障費は財務省によると2025年には150兆円ほどになると予想されています。社会保険料収入＋運用高の約73兆円でおさめるのならよいですが、「過去20年余りと同様にGDPがほぼ伸びず税収が増えない、変わらず一般歳出で補填する必要がある」とすると、先ほど26兆円といった普通の歳出をゼロにしても払えない額です（図表0－9）。

言い換えれば、今は35兆円近い国債を発行していますが、これまで通りのGDPトレンド、課税方針であれば、7年後には65兆円ほど発行しなければいけなくなるということです。もしそうなった場合、国債が売り切れるかどうかも微妙なところで、相当にリスクのある状況にあるといえるでしょう。

今こそ、国全体を家族として捉え、あるべき姿を見直すべきタイミングではないかと思うのです。

まず、世代間の投入費用のリバランスが必要です。現在は、国家功労者ではあるが

## 図表0-8　27年間ほぼ真水の増えない予算

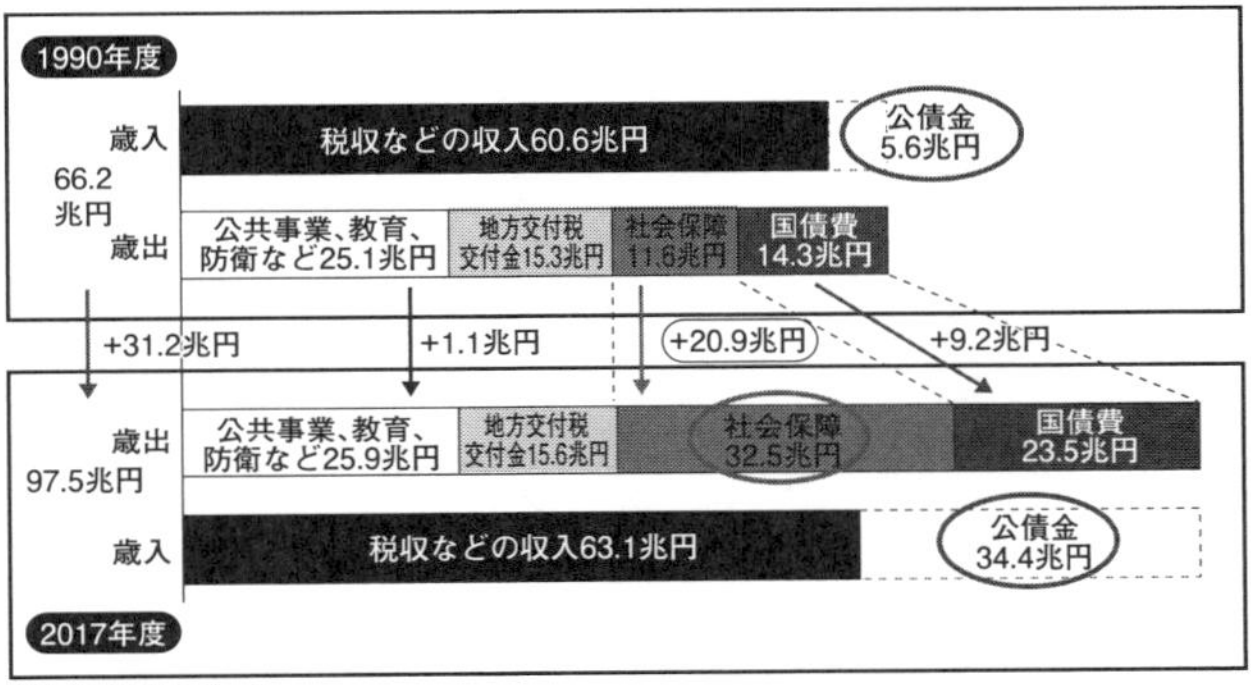


(注)当初予算ベース
資料:財務省「これからの日本のために財政を考える」2017.4

## 図表0-9　将来の社会保障給付の見通し

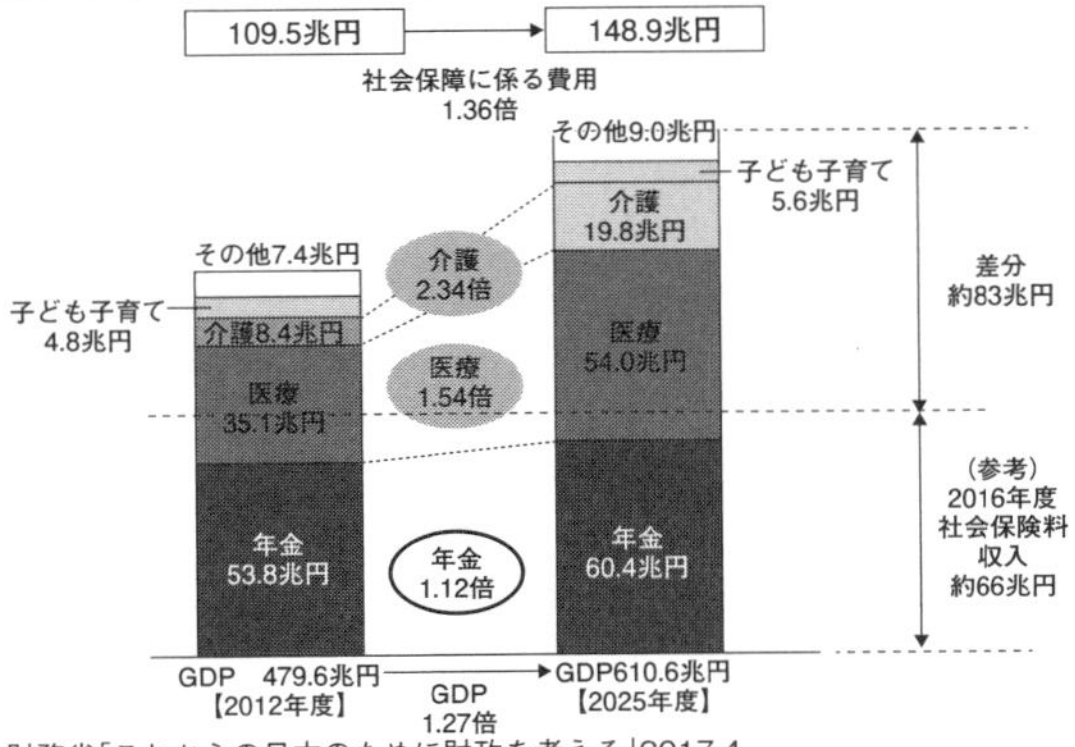


資料:財務省「これからの日本のために財政を考える」2017.4

引退層である65歳以上と過去のシニア層に100兆円以上が割かれており、その結果、中年層、若者層に十分なお金が回っていません（図表0-10）。家族でたとえると、お父さん、お母さんの稼ぎよりも多いお金を、借金までしておじいさん、おばあさんに回し、若い人たちは「雑穀でも食べてしのぎましょう」と半ば見放すような状況になってしまっているのです。

また、地方に対するリソース投下の問題も大きい。最近は人口増が止まりましたが、とはいえ過去から見れば人口はひたすら増え、戦後直後の約1・8倍もあるのに、地方の人口はどんどん都市に流出し、結果、長い間人が住んできた多くの集落が限界化してしまっています。われわれは極端に都市に集中して生活するしかない都市セントリックな未来に突き進んでいるのです。このままでは地方は捨てられ、都市は都市で過剰に稠密（ちゅうみつ）な映画「ブレードランナー」で描かれたようなディストピア的状況に陥ってしまいかねません。テクノロジーが劇的に発展し、人不足の課題は技術的に解決できる状態に向かう中、このような状態が起きています。

## 図表0-10　国全体を家族として あるべき姿を考え直すタイミング

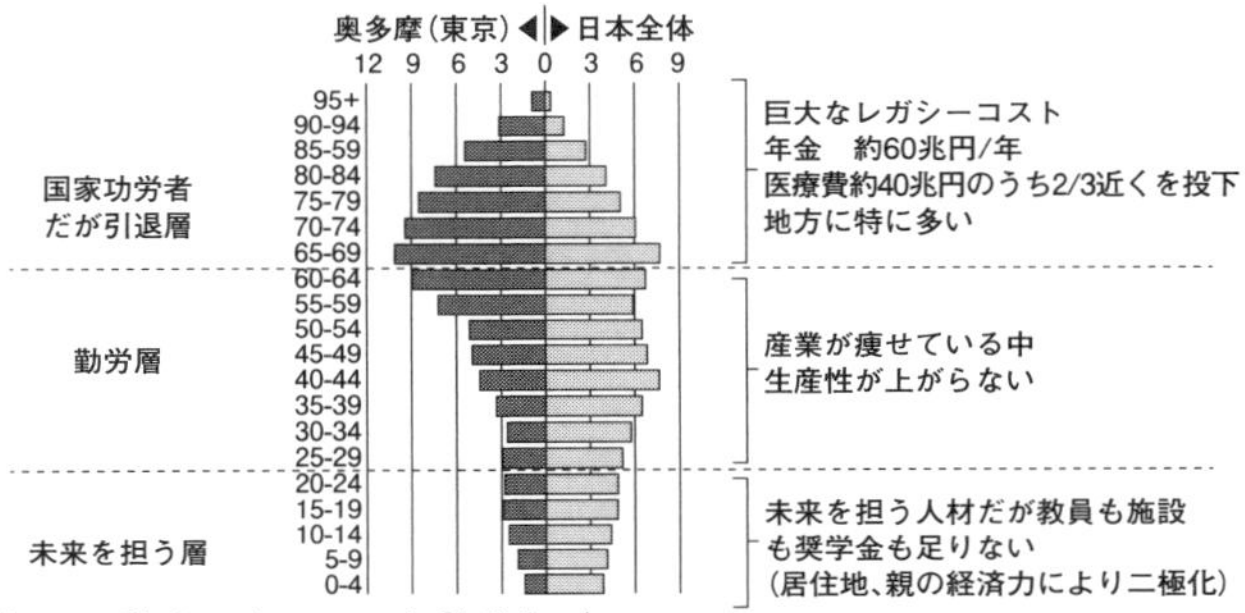


Sources:Okutama town records;Statistics Japan
資料:The Economist(Jan,2017),安宅和人分析

## 図表0-11　基礎自治体の多くはbasic income級の 公費投入でようやく回っている状況

1人あたりの自治体予算(一般会計:万円/年; 2018)

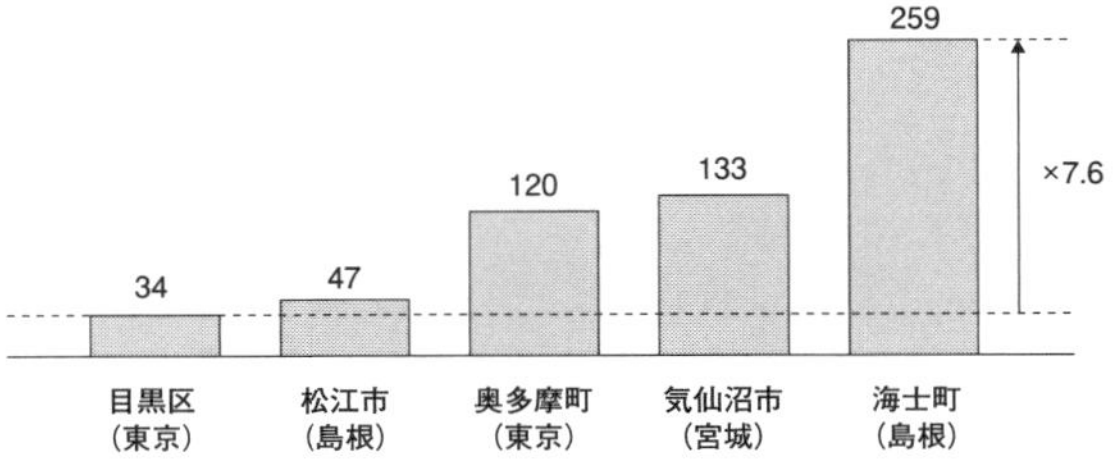


| | 目黒区(東京) | 松江市(島根) | 奥多摩町(東京) | 気仙沼市(宮城) | 海士町(島根) |
|---|---|---|---|---|---|
| 人口密度(人/㎢) | 18,963 | 573 | 23 | 193 | 33 |

資料:各自治体の開示資料。安宅和人分析

基礎自治体の予算を見ると、東京の目黒区が大体1人あたり年間34万円、松江市など地方の県庁所在地で1人あたり40万〜50万円程度のお金が使われています。一方、奥多摩や気仙沼では1人年間100万円以上、たとえば地方再生で有名な島根県海士町では1人年間約250万円以上の公費、4人家族で1000万円以上、が充てられています（前ページ図表0-11）。ベーシックインカム級の公費投入でようやく回っているのです。

この出費の多くがインフラコストで、海士町を例にとると自主財源の7〜8倍の予算を組まないと回らない状況です。サステイナブルな未来をつくるためには、インフラコストをいかに下げるかが必要なのです。テクノロジーを使い、いかにして人間が自然と豊かに生きられるか、模索を続けていく必要があります。

まとめると、わが国のリソース投下には2つ大きな課題があります。1つは、シニア層と過去へのリソース投下があまりにも重く、未来に投資できていない点。2つ目は、インフラ投資があまりにも重くて、都市集中型の未来しか描けていない点です。

これらの点を十分に認識したうえで、次章以降で、あるべき日本の未来の姿を考えていきましょう。

＊1 国立社会保障・人口問題研究所「日本の将来推計人口」（平成29年推計）
＊2 テクノロジーが乗る基盤のこと。主にサーバーのことを指す。
＊3 総務省「平成27年版　情報通信白書」
＊4 総務省「移動通信分野の最近の動向」
＊5 ＩｏＴに対応した、通信機能を持った「モノ」のこと
＊6 モノの生産量を増やしたときに、新たにかかるコストのこと。ＩｏＴ（モノのインターネット）化が進展すると、限界費用がゼロになると説いた、ジェレミー・リフキン著の『限界費用ゼロ社会〈モノのインターネット〉と共有型経済の台頭』（ＮＨＫ出版、２０１５）に詳しい
＊7 国立社会保障・人口問題研究所「平成29年日本の将来推計人口」
＊8 内閣府「平成30年版高齢社会白書　第1章　高齢化の状況」

働くことって
教えられていない

障がいのある人も、
もっと自分らしく
働き方を変えていく
自由があるべき

働く定義自体が間違っていて、
お金を得るためにではなく
生きていくために働く

仕事と生活、趣味の
すみわけって本当に
正しいの？

# 第1章

# 「働く」ことへの価値観を変えよう

## AI・高齢化時代の「仕事」を考える

都会に行かないと
働けないというのは
固定化された概念

## 【働き方についての議論をはじめる前に】

AI（人工知能）の発達によって、私たちの働き方はどう変化していくのでしょうか。これは近年、取り沙汰されることの多いテーマです。しかし、AI化も含めた流れの中で働き方のアップデートを試みる際、一番の障壁となるのが、「固定化された価値観」の存在ではないかと思います。

現代社会には、「働く」ことにまつわる、様々な「固定化された価値観」が存在します。たとえば、「地方」の働き方もそのひとつでしょう。「地方には仕事がないから、都会に出ていかないと働けない」という、地方と都会の格差への悲観は依然として根強くあります。

また、「行政」、いわゆるお役所も、不必要に複雑化された承認プロセスや、十分にデジタル化されているとは言い難い業務環境など、「古い価値観」に縛られたまま働いている組織の代表的な例だといえるでしょう。

そして、「障がい者」。障がい者雇用を推進する動きも少しずつ見えはじめてはいますが、2017年6月時点では、民間企業における実雇用率は、まだ1・97%にとどまります[*1]。また、障がい者雇用自体への理解はあっても、「障がい者は仕事で自己実現できない」といった価値観がいまだに根強く蔓延(はびこ)っており、「障がい者雇用自体には賛成だが、課題は多い」と考えている雇用主も少なくありません。*2 これは本当に残念なことです。

こうした「固定化された価値観」は、20世紀において形成され、機能してしまいました。終身雇用を前提とした〝安定のレール〟が、ある意味で人々の幸福を保障していたので、皆と同じような働き方をし、同じような暮らしを送ることで、自己実現ができたのです。そもそも終身雇用は高度経済成長期に、業績が右肩上がりに成長することを前提につくられたものなので、GDPが減少傾向にある現代の日本において、このシステムを維持し続けることは現実的に難しいでしょう。

終身雇用や専業主婦家庭といった「昭和的」なスタイルが当たり前でなくなりつつある今、働き方や、それによって得られる幸福感は一様のものではなくなりつつあります。急速に変化する時代の中で、現代における幸せを追求するためには、時代の変化に対応して働き方をアップデートしていくことが必要となっているのです。

学校では教わらない、『働く』とは何か」という根本的な問いに、正面から取り組むことが求められているのです。

（Text by編集部）

OCHIAI'S OPINION

# 「限界費用ゼロ化」で仕事はどう変わるか

## ――撤退戦の中でシフトする

落合　陽一

今、私たちの働き方は、大きな変化にさらされています。

これまで当たり前だった、1つの会社で定年まで働き続けるという選択肢は、多くの職場環境で選びづらくなっています。2000年代以降、非正規雇用やフリーランスの働き方が広がり、時短労働や在宅ワークなどの多彩な労働形態が一般化しました。さらに、AIやロボティクスの社会進出によって、将来的に多くの雇用が失われるという予測がされるようになり、安定した職業や需要のあるスキル、有利な資格についても、従来の考え方が通用しなくなりつつあります。

こういった時代の変化の中にあって、昭和期の安定した雇用形態を懐かしみ、日本の労働環境は悪化の一途をたどっていると考えている人も少なくないでしょう。

しかし、これまで私たちが自明のものと思い込んでいた、終身雇用・年功序列的な働き方は、実はそれほど古い歴史を持つわけではありません。20世紀以降、先進諸国の間に広がった工業化社会に、高度経済成長期の日本が適応する形で取り込んだ、たかだか半世紀程度の間に生まれた制度でしかないのです。

まずは、これまでの働き方がどのように生まれてきたのか、その経緯を見直すところからはじめましょう。

## 終身雇用・年功序列は半世紀程度の歴史しかない

新卒で会社に就職し、年齢に応じた昇給を繰り返しながら定年まで勤め上げる。このような終身雇用・年功序列を前提とした労働形態が一般的になったのは、戦後になってからのことです。

明治期の日本の産業は農業をはじめとする第一次産業が中心でしたが（次ページ図表1-1）、昭和期に入って工業化が進展するに伴い、技術に習熟した熟練工の需要が増し、企業側は勤続年数に応じた昇給や手厚い福利厚生などを提供するようになります。この傾向は戦後になるとさらに進み、高度経済成長期に入って若い労働力が求め

## 図表1-1　1879年からの産業別就業人口割合

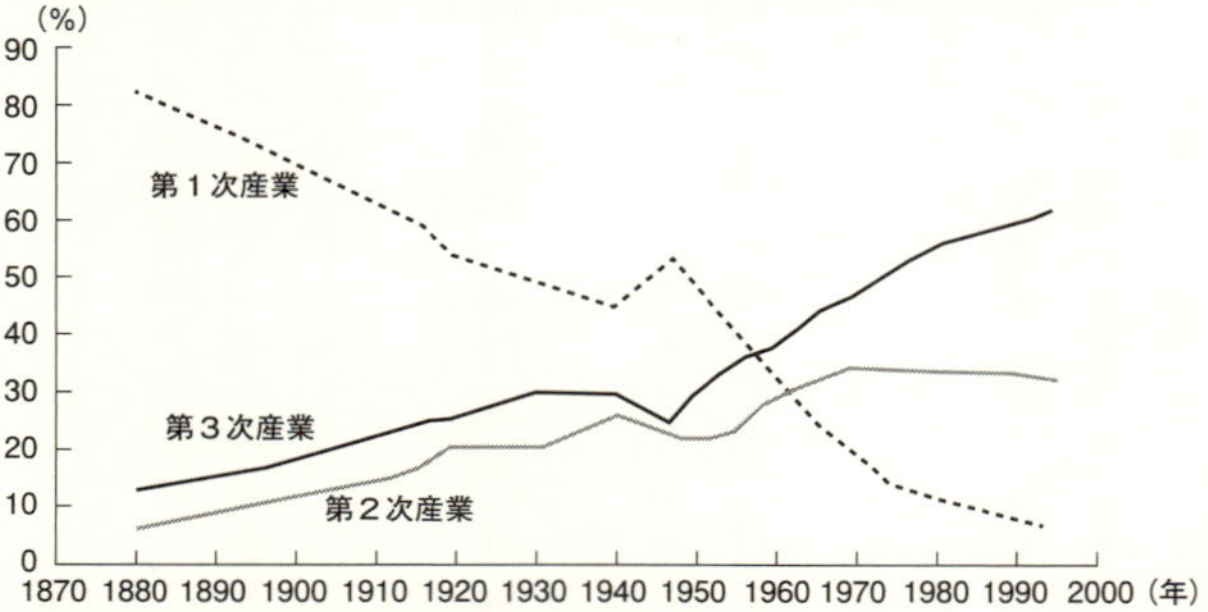


資料出所：1879年〜1915年「明治以降本邦主要経済統計」（日本銀行）
1920年〜1995年「国勢調査」（総務省）
1947年は臨時国勢調査の数値
出典：一般社団法人日本リサーチ総合研究所

られるようになると、多くの企業が長期雇用を前提とした雇用形態をとるようになりました。

この工業を基盤とした社会では、労働者の多くが同一のインフラに乗り、同じ信念を持ち、同じ方向に成長していくことが、生産の効率化とコストの最小化のために効果的でした。生涯ひとつの会社で同じ社風に染まり、出世競争をしながら生産性を上げていくことが、会社にとっても個人にとっても最適解となる。終身雇用・年功序列に象徴される日本人の働き方は、こうした社会状況のもとで形作られたものです。

しかし現在、そのやり方はもはや有効で

**図表1-2　世界の時価総額ランキング**

| | 1989年 | | 2018年 | |
|---|---|---|---|---|
| | 社名 | 時価総額（億ドル） | 社名 | 時価総額（億ドル） |
| 1位 | ＮＴＴ | 1638.6 | アップル | 10570.7 |
| 2位 | 日本興業銀行 | 715.9 | アマゾン・ドット・コム | 8198.9 |
| 3位 | 住友銀行 | 695.9 | マイクロソフト | 7813.7 |
| 4位 | 富士銀行 | 670.8 | アルファベット（グーグル） | 7536.3 |
| 5位 | 第一勧業銀行 | 660.9 | バークシャー・ハサウェイ | 5063.9 |
| 6位 | ＩＢＭ | 646.5 | フェイスブック | 4362.1 |
| 7位 | 三菱銀行 | 592.7 | ジョンソン＆ジョンソン | 3754.5 |
| 8位 | エクソン | 549.2 | アリババ・グループ・ホールディング | 3659.3 |
| 9位 | 東京電力 | 544.6 | JPモルガン・チェース | 3625.3 |
| 10位 | ロイヤル・ダッチ・シェル | 543.6 | エクソン・モービル | 3373.5 |

出典：1989年は米ビジネスウィーク誌（1989年7月17日号）
「THE BUSINESS WEEK GLOBAL 1000」。社名は当時
2018年の数字は、180.co.jp（2018年10月末時点のもの）

はありません。契機となったのは工業化社会から情報化社会への転換です。

現在の世界の時価総額ランキング（図表1－2）に目を向けると、インターネット関連の企業が上位を独占しています。また、産業別の経済利益率を比較しても、「インターネット付随サービス業」は飛び抜けて高い数字を示していることがわかります（産業別の売上高経常利益率。次ページ図表1－3）。2000年代以降、世界経済は工業ではなく情報産業を中心に回るようになったのです。

また、終身雇用・年功序列の制度が、少子高齢社会の日本にはそぐわなくなったことも大きな要因です。この制度では社員の

## 図表1-3　産業別、一企業当たり売上高経常利益率

| | 売上高経常利益率(%) | |
|---|---|---|
| | 27年度 | 前年度差 |
| 合計 | 4.8 | 0.1 |
| 鉱業、採石業、砂利採取業 | 22.4 | -26.6 |
| 製造業 | 6.5 | -0.2 |
| 食料品製造業 | 4 | 0.8 |
| 飲料・たばこ・飼料製造業 | 9.1 | 3.6 |
| 繊維工業 | 7 | 1.4 |
| 木材・木製品製造業(家具を除く) | 3 | -0.6 |
| 家具・装備品製造業 | 5.9 | 0.4 |
| パルプ・紙・紙加工品製造業 | 3.9 | 1.0 |
| 印刷・同関連業 | 3.3 | 0.2 |
| 化学工業 | 10.4 | 1.3 |
| 石油製品・石炭製品製造業 | -0.6 | 1.3 |
| プラスチック製品製造業 | 6 | 1.0 |
| ゴム製品製造業 | 13.4 | -0.4 |
| なめし革・同製品・毛皮製造業 | 2.8 | -3.3 |
| 窯業・土石製品製造業 | 6.5 | 0.4 |
| 鉄鋼業 | 3.2 | -2.2 |
| 非鉄金属製造業 | 4.2 | -0.4 |
| 金属製品製造業 | 5.3 | -0.5 |
| はん用機械器具製造業 | 8.1 | -1.6 |
| 生産用機械器具製造業 | 9 | -1.7 |
| 業務用機械器具製造業 | 9.7 | -0.8 |
| 電子部品・デバイス・電子回路製造業 | 3.6 | -2.9 |
| 電気機械器具製造業 | 5.3 | -0.4 |
| 情報通信機械器具製造業 | 3.4 | -1.1 |
| 輸送用機械器具製造業 | 8.5 | -0.7 |
| その他の製造業 | 6.3 | -1.8 |
| 電気・ガス業 | 6.3 | 4.4 |
| 電気業 | 5.7 | 4.8 |
| ガス業 | 9 | 3.3 |
| 情報通信業 | 7.9 | 0.4 |
| ソフトウェア業 | 5.7 | -0.4 |
| 情報処理・提供サービス業 | 7.8 | 0.4 |
| インターネット附随サービス業 | 25.1 | 1.5 |
| 映画・ビデオ制作業 | 7.2 | -0.9 |
| 新聞業 | 4.6 | 0.3 |
| 出版業 | 4.7 | 0.3 |
| 卸売業 | 2.1 | -0.2 |
| 繊維品卸売業 | 2.6 | 0.0 |
| 衣服・身の回り品卸売業 | 3.3 | 0.4 |
| 農畜産物・水産物卸売業 | 2.1 | 1.1 |
| 食料・飲料卸売業 | 1.5 | 0.1 |
| 建築材料卸売業 | 2.5 | 0.2 |
| 化学製品卸売業 | 2.5 | 0.0 |
| 石油・鉱物卸売業 | 0.2 | -1.3 |
| 鉄鋼製品卸売業 | 1.4 | 0.3 |
| 非鉄金属卸売業 | 1.6 | 0.2 |
| 再生資源卸売業 | 2.3 | 0.3 |
| 産業機械器具卸売業 | 4.5 | 0.6 |
| 自動車卸売業 | 2.5 | -1.0 |
| 電気機械器具卸売業 | 2.8 | -0.8 |
| その他の機械器具卸売業 | 4.2 | 0.3 |
| 家具・建具・じゅう器等卸売業 | 3.2 | 0.3 |
| 医薬品・化粧品等卸売業 | 3.3 | 0.4 |
| 紙、紙製品卸売業 | 1.2 | -0.1 |
| その他の卸売業 | 2.8 | -0.6 |
| 小売業 | 3.1 | 0.4 |
| 織物・衣服・身の回り品小売業 | 4.5 | 0.1 |
| 飲食料品小売業 | 2.2 | 0.4 |
| 自動車・自転車小売業 | 2.7 | 0.2 |
| 機械器具小売業 | 3.6 | 0.7 |
| 家具・建具・じゅう器小売業 | 7.8 | 0.4 |
| 医薬品・化粧品小売業 | 4.6 | 0.4 |
| 燃料小売業 | 2 | 0.7 |
| その他の小売業 | 3.6 | 0.4 |
| 無店舗小売業 | 3.7 | 0.2 |
| クレジットカード業、割賦金融業 | 12.1 | -2.7 |
| 物品賃貸業 | 6 | -0.3 |
| 学術研究、専門・技術サービス業 | 4.6 | -1.3 |
| 飲食サービス業 | 4.2 | 0.5 |
| 生活関連サービス業、娯楽業 | 10.2 | -0.1 |
| 個人教授所 | 5.4 | 2.0 |
| サービス業 | 6.4 | 0.5 |

出典：経済産業省「平成28年企業活動基本調査速報－平成27年度実績－」

年齢が上がるほど人件費が増大します。戦後の若年層が多かった時代には問題になりませんでしたが、今の社会状況では企業の負担が大きく維持は難しいでしょう。

こういった社会状況の転換は現在も進行中で、今後はさらに巨大な変化が訪れる可能性があります。その中で重要なキーワードになると考えられるのが、「限界費用ゼロ化」「インフラ撤退社会」「ダイバーシティの実現」です。これから私たちの働き方はどのように変化していくのか、この3つのキーワードから、改めて考えてみましょう。

## 「限界費用ゼロ化」がビジネスを変える

現在の労働環境を特徴づける最も大きな変化のひとつが、多くの産業分野で限界費用がゼロに近づきつつあることです。序章でも触れましたが、「限界費用ゼロ化」について、改めて詳しく説明していきましょう。

先述しましたが、「限界費用」とは経済学の用語で、財やサービスを生産するとき、ある生産量からさらに一単位多く生産するのに伴う追加的な費用のことです。

20世紀の工業的なものづくりでは、新たに追加で製品をつくろうとすると、その分の原材料費や人件費がかかるため、限界費用が増加します。プロダクトをつくるときには、常にこの限界費用と限界効用（一単位多く生産したときの消費者の満足度の上昇）を天秤にかける必要がありました。その結果生まれたのが、画一的なデザインによる大量生産です。商品を1つ増産するときの限界費用を最小化するには、同じ設計の製品を工場で大規模に生産するというやり方が、最も効率的でした。

しかし、ソフトウェア産業やインターネット産業では、事情はまったく違ってきます。パソコンやスマホで、データやアプリを一単位多く生産するときにかかる追加的な費用は実質ゼロです。初期投資にこそコストはかかりますが、それ以降は無限にコピーすることができます。つまり、原材料費や人件費を投じなくても追加生産ができるようになったわけです。今、インターネットに接続されたすべての人々はその恩恵にあずかっています。

限界費用が低下すると、生産手段の民主化が進み、生産者と消費者の境界はあいまいになります。

序章でも例に挙げたように、動画配信（ユーチューブなど）やSNS（ツイッターやインスタグラムなど）といったプラットフォーム型のビジネスは、限界費用のゼロ化によって登場したサービスといえるでしょう。そこでは動画・画像・テキストといったコンテンツが、ユーザーや企業によって自発的にアップロードされ、無限に拡散される仕組みが整っています。

同様に、今後はコンテンツ業界に限らず、様々な分野でプラットフォーム的な仕組みが導入されるようになるでしょう。特に、3Dプリンタやデジタルファブリケーションといった技術が普及すれば、物質的生産の限界費用も引き下げられるため、20世紀的な大量生産とは違ったビジネスモデルが普及するかもしれません。[*3]

限界費用の低下があらゆるビジネスに影響を与えるということは、これからの働き方を考えていくうえで、しっかりと把握しておく必要があるでしょう。

## 「インフラ縮小社会」が働き方を変える

日本では、これからますます少子高齢化が進んでいきます。現在20％台後半の高齢

## 図表1-4　わが国の人口推移

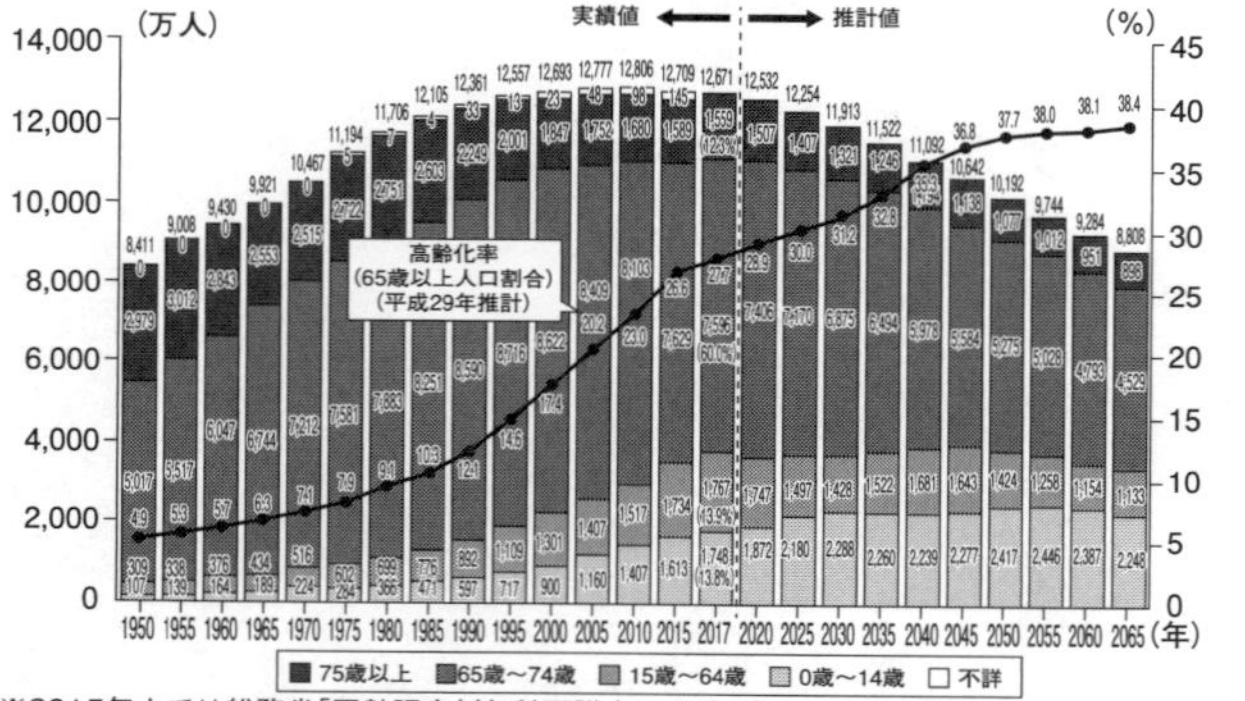


※2015年までは総務省「国勢調査」（年齢不詳人口を除く）、2020年以降は国立社会保障・人口問題研究所「日本の将来推計人口（平成29年）」
出典：内閣府「平成30年版高齢化白書」

化率は今後さらに増えていき、２０６０年には40％近くにまで到達する見込みです（図表１－４）。また、少子高齢化に伴いGDP（国内総生産）の成長率も低下していくことになるでしょう（図表１－５）。

　少子高齢社会では、これまでのような右肩上がりの成長を前提とした、大規模な社会的インフラの構築は難しくなります。特に過疎化が進む地方の村落では、巨大なインフラを維持管理するコストが割に合わなくなるため、従来の大規模なインフラを、個別の状況に応じた適正なサイズのインフラに置き換える必要が出てきます。

　現在の日本のインフラは、１９６４年の

## 図表1-5　GDP予想（2018）

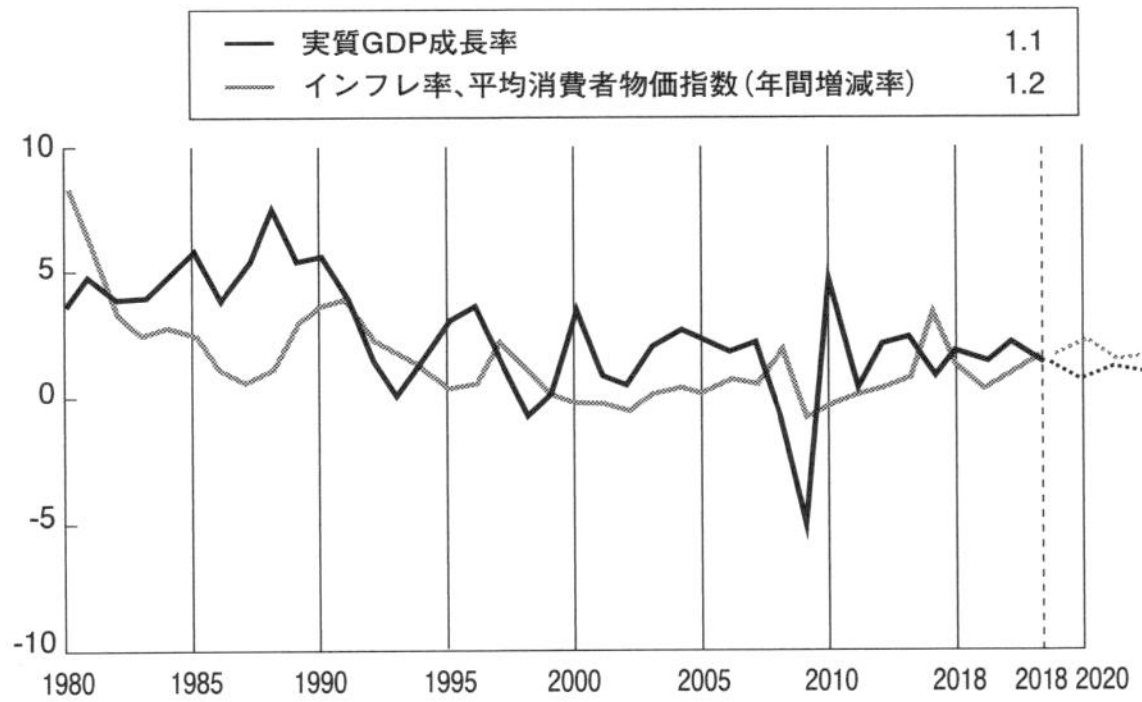


出典：IMF「World Economic Outlook Database 2018」

東京オリンピック前後から、１９７０年代の田中角栄の日本列島改造論の時期にかけてつくられたものが多く、建造から50年以上を経て老朽化が進んでいます。今後は地域の将来的な人口動態を踏まえたうえで、適性な規模にリプレイスしたり、あるいは思い切って撤退するといった判断が必要になるでしょう。[*4]

今後、インフラの縮小・撤退がはじまることで、地方の利便性はますます失われ、東京への一極集中がさらに加速する未来を予想する人もいるかもしれません。もちろん都市部への集中は傾向として見てとれますが、それ以外にも、コミュニケーションテクノロジーの発達を踏まえると、また違った周辺環境を考えることができるかもしれません。

20世紀までの労働環境では、毎日オフィスに出勤して仕事をするのが当たり前でした。しかし、今日ではビデオ通話サービスのSkypeや、チャットツールのSlackなどが登場し、自宅やカフェを拠点に働く人も増えています。

ハードウェア的なインフラが後退した地域でも、ネットワークインフラさえ確保されていれば、何不自由なく仕事ができる環境が整いつつあるのです。将来的にはテレプレゼンス、テレイグジスタンス[*5]といった技術の発展によって、身体の移動に関わるコストはゼロ近くにまで抑制されるでしょう。仮想化された身体をネットワークに乗せる技術によって、地理的な制約を超えて、あらゆる場所に人間が存在できるようになるはずです。

こういった技術の進展は、私たちの働き方を劇的に変化させると考えられます。インフラが縮小・撤退した後の地方であっても、そこが不毛の土地とは限りません。むしろ安い家賃や生活費、豊富な自然といった魅力に目を向ければ、新しい事業にふさわしい土地になる可能性もあるのです。

## テクノロジーによる「ダイバーシティの実現」

テクノロジーの発展は、私たちの社会にまつわる様々なダイバーシティ（多様性）を促進します。ここでいう多様性とは、性別・人種・年齢・障がいまでを含めた、幅広い人間のあり方を受け入れるという意味です。

これまでも人間は、テクノロジーによって身体能力を拡張させ、個人間の能力差を縮めたり、能力の欠落を補ったりしてきました。その好例がメガネです。自然の中で生活していた人類にとって近視は致命的な弱点となったはずですが、メガネが普及してからは大きなハンディキャップではなくなりました。

現在、近視や遠視を目の障がいと捉えている人はほとんどいないでしょう。人間の生来的な能力の差異を補うことは、テクノロジーの重要な役割のひとつであり、それはコンピュータの時代になって、ますます大きな意味を持つようになっています。様々な理由から多くの人と同じような社会生活が送れない人たちに対して、それぞれの状況に最適化された技術的なサポートが可能になってきたからです。

先進的な例としては、分身ロボットの「OriHime（オリヒメ）」[*6]が挙げられるでしょう。遠隔操作でありながら、まるでその場にいるような感覚を再現できるロボットで、身体が不自由な難病患者や不登校児でも、病院や自宅にいながら身体感覚を伴ったコミュニケーションがとれます。これまで障がいとされてきたようなハンデがあっても、健常者と同じような働き方を実現できる技術が登場しはじめているのです。

こういった人間の身体機能を補うテクノロジーは、社会の多様性を促進します。近視や遠視が今日では障がいと呼ばれないように、不自由な身体や感覚機能の不全も、テクノロジーの補助が介在することで、ある種のパラメーターの違いに過ぎないと受け止められる社会が訪れるかもしれません。

## 「AI＋BI」的な働き方と「AI＋VC」的な働き方

新しいテクノロジーが進展することで、労働環境は「AI（人工知能）＋BI（ベーシックインカム）」的な働き方と、「AI＋VC（ベンチャーキャピタル）」的な働き方に二分されることになると僕は考えています。[*7]

ベーシックインカムの詳しい議論については、序章の安宅さんの解説を参照して欲しいのですが、一部の地域に投下されている多額の公費が均等に再分配され、それぞれの地域の人口に応じて個別最適化された規模のインフラを提供できれば、この日本である種のベーシックインカムのような再分配の仕組みかそれに代わるものが成立する可能性が生まれてきます。

そういった再分配機能が実現した社会では、多くの人々はAIにより人機一体となったシステムの指示に従い、短時間の簡単な労働を営みながら生活することになると予想されます。これが、「AI+BI」的な働き方です。短時間の簡単な労働というと、倉庫での軽作業や工場での流れ作業を想像するかもしれませんが、むしろ、スマホアプリのゲームと似たような体験になると考えられます。

たとえば、Uberの運転手として街頭で乗客をピックアップする行為と、「ポケモンGO」で街中を歩き回りレアポケモンをゲットする行為は、本質的にやっていることは同じです。[*8] AIによる自動化が普及した社会で、労働の効率化を追求し、働き手の負荷を減らそうとすれば、人間の労働は限りなくゲームに接近し、いずれ両者の区別はつかなくなっていくと考えられます。

「ＡＩ＋ＢＩ」の具体例を挙げるなら、Ｕｂｅｒのビジネスモデルとベーシックインカムを組み合わせた事業は、地方におけるインフラ再生のひとつのモデルとなりうるでしょう。地方の交通インフラとして重要な役割を担う自動配車サービスに、ベーシックインカムの資金を投資し、その職業の人たちをサポートするわけです。

事業単体では黒字化が困難でも、モビリティの料金が劇的に低下するのであれば、そこで生まれる雇用を含めて多くの住人にメリットがあるし、公共的なインフラとしての役割を十分に果たすでしょう。自動車の現状の稼働率を考えると、シェア化は大きなコストダウンを生む可能性があります。

対して「ＡＩ＋ＶＣ」では、社会を発展させるためのイノベーションに取り組む働き方が中心となります。この領域は、新しいテクノロジーを開発したり、その技術をどう活用するか考えることを仕事にする、ごく少数の人々が担います。

こうした働き方では、固定化された給与ではなく、投資に対するリターンに近い形で報酬を手にすることになるでしょう。現在でも、フリーランスや事業を行なっている人の中には、かなりこれに近い働き方をしている人もいると思います。「ＡＩ＋ＶＣ」の人々は、市場への最適化を常に意識しながら、リスクとそれに見合ったリターンを得るべく、日々ハードワークを続けることになるでしょう。

この「ＡＩ＋ＶＣ」と「ＡＩ＋ＢＩ」は、社会的な問題解決の抽象度が高いユーザーと低いユーザーと換言することもできるでしょう。ある課題にアプローチする際の役割分担として、ビジョンを具体的なアクションに落とし込む人と、そのアクションを忠実に実行する人に分かれるということです。もちろん、難易度は「ＡＩ＋ＶＣ」のほうが高くなります。

ただし誤解してほしくないのは、両者は対立しないし、また、どちらが優れているわけでもないということです。実際に生産をしているのは「ＡＩ＋ＢＩ」の人ですし、仕事では「ＡＩ＋ＢＩ」の立場にいながら、プライベートでは趣味に生きるという人生も悪くありません。難易度か市場での希少価値が高い分、受け取る報酬は「ＡＩ＋ＶＣ」のほうが多くなる傾向になりますが、今後はＡＩをはじめとするテクノロジーが社会構造の中に組み込まれることで中抜きが減り、「AI＋BI」が手にする報酬も増えていくはずです。その成功例は「好きなことをして生きていく」ユーチューバーの事例において成功者の収入がとても多いことにも見られます。ただもちろん、その数が少ないことには注意しなくてはなりません。

個人的には、抽象度の高低にかかわらず、いずれの領域でも「仕事」ができたほうがよいと考えています。たしかに抽象度の高い領域での作業は、資本からの収入の面では有利になりますが、その一方で、抽象度の低い領域の仕事は、現場の事象や物事の質感・肌感や、コンテンツづくりそれ自体を直接的に体感できるというメリットがあります。僕が組織の経営に携わる一方で、アーティストやエンジニアとして現場で手を動かす活動から離れないのも、そういった働き方に意味があると思えるからです。

これからの働き方について考えるときに大きな指針になるのは「組織の論理にとらわれずに、コストを最小化し利潤が最大化されるよう、個人の判断で動き回るべし」という、経済学の基本に則った原則です。従来の、全員が同じ方向を向く仕事観とは真逆の考え方が、今後はあらゆる領域において適用されるようになると思います。

**【働き方テーブルの議論のまとめ】**

今の時代の「働く」ことを再定義する際、カギとなるのがテクノロジーです。最新テクノロジーを武器として使いこなすことで、今までの「固定化された価値観」を覆す、多様な働き方が実現します。

テクノロジーの力で地方の魅力を最大限に引き出し、都市部に劣らない魅力的な仕事を創出している例があります。

島根県の離島である海士町(あまちょう)で導入されている「CASシステム」は、海産物の鮮度を保ったまま都市に出荷することを可能にするシステムです。CASシステムを活用し、海士町で一貫生産に成功したブランド「いわがき・春香」や、特産の「白いか」などを、直接都市の消費者に届けています。これにより、首都圏の外食チェーンや百貨店・スーパー、さらには米国や中国などの海外にも販路を広げることに成功。システム導入や施設建造に計5億円の先行投資が必要でしたが、黒字化も達成しました。*9

海士町は他にも、独自の教育制度を推進する「島留学」など、地方の魅力を活かすための取り組みを精力的に行なっています。その結果、一流企業でキャリアを持つ20代から40代の現役世代が続々とIターン（都市部で生まれ育った人が、地方の企業に転職し移住すること）するようになりました。このように、テクノロジーは地方で「働くこと」を変えてくれる可能性を秘めています。一時は、夕張市のように財政再建団体になってもおかしくなかった地域が、いまや、都会から多くの人が移り住んでくる町になったのです。[*10]

行政の分野でも、テクノロジーを活用して業務効率化を進める動きが現れはじめています。たとえば、財務官僚からつくば市副市長に転身した毛塚幹人さんは、中央省庁に比べてフットワーク軽く動ける地方自治体の特性を活かし、「アジャイル行政」というビジョンを掲げて業務改革に取り組んでいます。RPA（ロボットによる業務自動化ソフト）導入による単純作業の自動処理の結果、繰り返し業務の多い地方行政の特性により対象業務の8割削減の成果が出ています。ブロックチェーンとマイナンバーカードを活用した投票システムの導入など最先端のテクノロジーの導入にも取り組んでいますが、これらの改革は行政が迅速に取り組めるよう民間が費用負担して行政は予算ゼロで進めているそうです。働き方という点でも、「勤務」という条項を一部の職員から外してリモートワークを推進し、現在は米国ポートランド在住の職員もいます。つくば市には視察が後を絶たず、こうした取り組みが他の自治体や中央省庁にも広まっていけば「古い働き方にとらわれているお役所」との価値観は過去のものとなるはずです。

さらに「障がい」とわれわれはどう向かい合っていくのでしょうか。一般社団法人WITH ALS代表の武藤将胤（まさたね）さんは、身体の運動機能が徐々に失われていく難病「ALS（筋萎縮性側索硬化症）」を発症した後、起業されました。元広告プランナーとしてのクリエイティビティとALS当事者としての体験をもとに、ALSやその他難病患者、その家族、非患者のQOL（Quality of Life）の向上に貢献するコンテンツ開発・支援活動に取り組んでいます。武藤さんの活動は障がいを抱えていながらも、それを多様性のひとつとしてクリエイティビティを存分に発揮し、仕事で自己実現している好例といえるでしょう。

ここでもテクノロジーが重要な役割を果たしています。武藤さんは分身ロボット「OriHime」を使って都内にいながら地方講演を行ない、メガネ型デバイス「JINS MEME（ジンズミーム）」を活用し、眼球の動きだけでVJ（ビデオ・ジョッキー）／DJ（ディスク・ジョッキー）としての表現活動を行なうなど、テクノロジーの力で自分の体に起こりうる様々な身体的な制約を乗り越えているのです。その姿は非常に精力的でカッコよく、多くのフォロワーを獲得しています。

このように、最新テクノロジーは、今まで不可能だと思われていたような「働き方」を実現しています。ここでは地方・役所・障がい者の例を挙げましたが、その他にも同様の事例はどんどん生まれてくるはずです。こうした流れは、「働く」ことに対する価値観をアップデートしてくれるでしょう。

多様な働き方が当たり前になると、「ワーク」と「ライフ」を分けて「お金を得るため」に働くのではなく、「個々人の自己実現のために働く」ことが当たり前になっていくでしょう。自分にとって「働く」とは何か、改めて考え直すべきときがきています。

**〈働き方テーブル〉** ★はリーダー（順不同。以下同）

★厚生労働省保険局総務課課長補佐（政策調整委員）　古川弘剛氏
・公益社団法人NEXT VISION理事　医学博士　産業医　眼科専門医　三宅琢氏
・一般社団法人WITH ALS代表　武藤将胤氏
・つくば市副市長　毛塚幹人氏
・島根県教育魅力化特命官　地域・教育魅力化プラットフォーム共同代表　岩本悠氏
・富士通　本多達也氏

＊1 厚生労働省「平成29年障害者雇用状況の集計結果」

＊2 事業者が障がい者を雇用する際の雇用上の課題について、身体障がい者については72・2%、知的障がい者は76・7%、精神障がい者は77・3%が「ある」と回答している。厚生労働省「平成25年度 障害者雇用実態調査」

＊3『限界費用ゼロ社会〈モノのインターネット〉と共有型経済の台頭』（ジェレミー・リフキン著　柴田裕之訳　NHK出版）

＊4『ニッポン2021―2050』（落合陽一・猪瀬直樹共著　KADOKAWA）

＊5「テレイグジスタンス」は、バーチャルリアリティの一種。遠隔地にあるもの（もしくは人）について、近くにあるような感覚で、操作などをリアルタイムに行なう環境を構築する技術・体系。「テレプレゼンス」は、遠隔地にいる人と、その場で対面しているかのような臨場感を提供する技術。現在では、主に遠隔地にいる人との会議などで使われる

＊6 オリィ研究所によるコミュニケーションロボット。http://orihime.orylab.com/

＊7『デジタルネイチャー　生態系を為す汎神化した計算機による侘と寂』（落合陽一著　PLANETS）

＊8『10年後の仕事図鑑』（落合陽一・堀江貴文共著　SBクリエイティブ）

＊9、10「キラリと光るまち　10海士町」http://kirari38.net/town/twn010.html

## [ グラフィックレコーディング「働き方」編 ]

テクノロジーが新たな仕事の仕方を実現する時代。
「働き方」の固定観念を外して、誰もがチャレンジできる社会へ

**テクノロジーの導入によって様々な働き方にチャレンジできる社会**

**感性の高い若い人や、障がいのある人に学ぶ**

**多様性を当たり前にする**

**テクノロジーとのコラボを前提にしたポリテックス**

（※議論の動画はこちら。http://live.nicovideo.jp/watch/lv314659909）

column

## テクノロジーで、障がいを乗り越える

一般社団法人WITH ALS代表　武藤将胤

私は約4年半前、ALSという難病を発症したことをきっかけに、自分の会社を立ち上げました。クリエイターとして、テクノロジーとコミュニケーションを活用し、ALSをはじめ、様々なハンディキャップを抱えた方の可能性を広げていくプロジェクトに取り組んでいます。

ALSという病気の名前は、アイスバケツチャレンジ——「バケツに入った氷水をかぶるか、またはアメリカALS協会に寄付する運動」キャンペーン——で耳にしたことがある方も多いかもしれません。この病気は、正式名称を「筋萎縮性側索硬化症」といいます。体を動かす運動神経が老化し、手足を動かしたり、声を出して話したりする自由が徐々に奪われていく病気です（なお、意識や五感、知能の働きは正常のまま保たれるといわれています）。

発症後の平均余命は3～5年といわれており、いまだに有効な治療法は生まれていない、指定難病。世界で約35万人、日本では約1万人の人々が、この病気と闘っています。広告プランナーとして働いていた2013年にALSを発症してから、約5年が経ちました。手足の自由は徐々に奪われてきており、「昨日までできていたことが今日できなくなる」怖さと日々闘っています。

しかし、自分自身の障がいと向き合うことで、制約から解決アイデアを形にしていく、むしろ、ALSの困難から発明を生んでいくという思いで、WITH ALSを中心とした日々の活動に取り組んでいます。

私は、障がい者になってから自らの夢を実現しました。昔から音楽が好きで、発症時はちょうどDJにチャレンジをはじめたところでした。今では病状が進行していて、手でDJをできる状態ではないのですが、「自分が今感じている感情を音楽や映像で表現したい」という夢を諦めきれず、テクノロジーを活用することでDJ／VJ活動を行なっています。比較的最後まで正常に機能を保つことができる目の動きに着目し、メガネ型のデバイス「JINS MEME」を使い、目の動きだけで様々な電子機器をコントロールできるアプリケーションを開発したのです。このプロジェクトが奏功し、私自身も、目の動きだけでＤＪ／ＶＪとしての活動を行なうことができています。この技術を応用し、今では手を使わずに写真撮影、テレビ、エアコンのコントロールも行なえるようになりました。

こういったプロジェクトを通じて、色々なハンディキャップを抱えた方や、すべての人に表現の自由を届けていきたいと思っています。私は、テクノロジーとともに、人の可能性を拡張していきたい。テクノロジーの活用法に無限の選択肢がある今、障がいを抱えている当事者の目線で使い方のデザインを発信していくことで、さらなるイノベーションを生み出せると信じています。

アルツハイマー型認知症だとか、
レビー小体型認知症だとか、
原因疾患による運転の傾向を
研究している方もいます

予防できないものに
関して、それとともに
どう生きるのか

地域社会でフォローする

高齢者の中でも
能力をお互いに
出し合って支え合う

# 第2章

# 超高齢社会をテクノロジーで解決する

## 「免許証を取り上げなくて済む」社会のために

医療のリテラシーは
もっと高めてほしい

## 【超高齢社会について議論する前に】

日本は、現在、高齢者が全人口の28%以上を占める「超高齢社会」です（2018年9月総務省発表）。この傾向はこれからも加速を続け、2060年には全人口の約40%が高齢者で構成されるようになるといわれています。[1] 高齢者の割合が増えることによって生じる問題は多岐にわたりますが、「平成最後の夏期講習」では最近ニュースで取り上げられることも多い「高齢者ドライバー問題」をひとつの具体例として検討し、高齢化社会一般に適用できるヒントを模索していきました。ここでは、その議論をベースに進めていきます。

高齢者ドライバーによる事故の増加が、全国的に問題視されています。実は、日本全体での交通事故死者数自体は、この30年間で約70%減少しました。[2] しかし、75歳以上による死亡事故は減少しておらず、[3] 交通事故死者数に占める高齢者の割合も上昇傾向にあります。[4] 75歳以上のドライバーは、主にハンドルやブレーキの操作ミスが原因[5]で、交通死亡事故を起こしているのです。

75歳以上にもなると心身ともに様々な不調が発生しやすくなります。特に認知症を発症すると、自分が今いる現在地や向かおうとしていた目的地がわからなくなるため、自動車の運転中だと致命的な事態に陥ることになります。[*6]

こうした現状があるにもかかわらず、テクノロジーによる解決がいまだ不十分のため、社会全体の高齢化に伴い、免許を保有する高齢者の数は今後も増加していく見込みです。[*7]

もちろん、免許更新時の認知機能検査結果に応じて免許を返納してもらうなど、運転能力が十分ではないと思われるドライバーに運転をやめさせる仕組みも導入されています。そういった取り組みの成果もあり、75歳以上の運転免許返納数自体は急増していますが、それでも返納率は5％程度に留まっています。[*8]

この問題は、認知症の人から運転免許を剥奪すればそれで解決するわけではありません。地方では自動車がないと買い物や病院に行けず、生活に支障をきたすような地域もあります。高齢者を自動車から引き離すのではなく、自動車の安全な利用を促す、あるいは自動車に代わる移動手段を提供することが、本質的な問題解決につながるのです。

（Ｔｅｘｔ ｂｙ編集部）

OCHIAI'S OPINION

# 高齢社会の問題はテクノロジーと都市論、2つのアプローチで解決できる

落合　陽一

　ここでは高齢者ドライバー問題を中心にして、高齢化問題について考えていきたいと思います。

　なぜ高齢社会に関する様々な社会問題の中から、高齢者ドライバー問題を取り上げるのか。それはこの問題が政治とテクノロジーの結節点にあり、ポリテックによる問題解決の典型的な事例だからです。

　もうひとつの理由は、将来的に日本人の多くが似たような問題に直面することが予想されるからです。高齢者ドライバー問題には、高齢者とテクノロジーの関係を考えたときに突き当たる多くの課題が集約されています。そのため、この問題を解決するための方策は、他の様々な分野においても応用可能になるはずです。社会の高齢化という漠然とした課題に取り組む際には、高齢者ドライバー問題のような具体的な問題

## 図表2-1　日本の交通事故死者数は、この30年で約70％減少

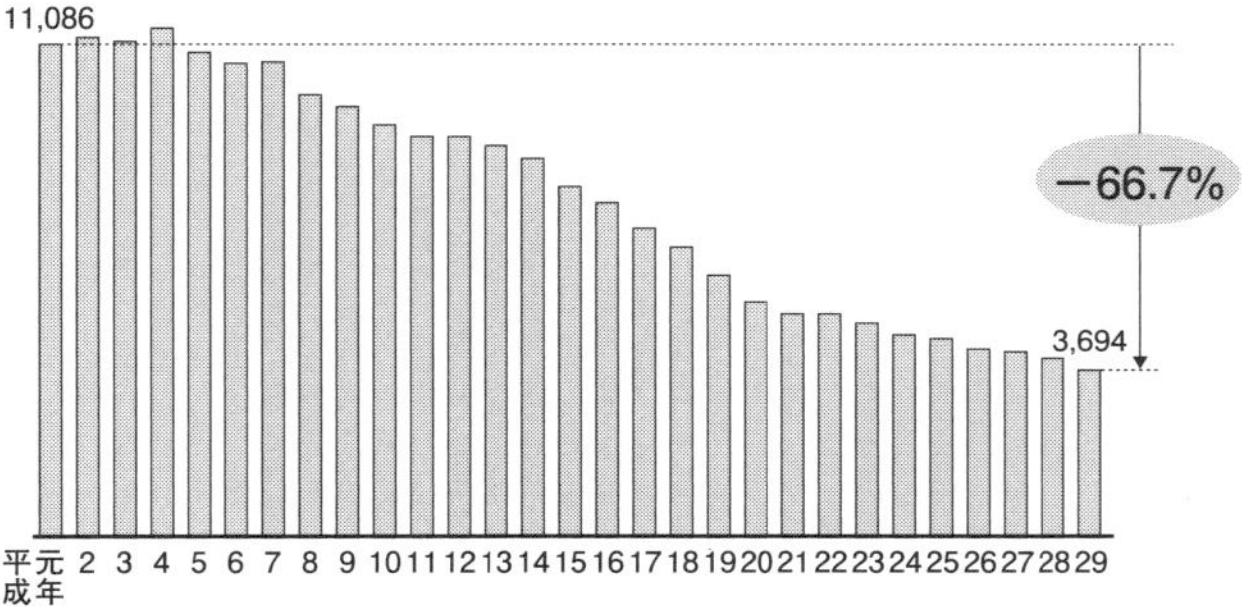


出典：警察庁「平成 29 年中の交通事故死者数について」

## 図表2-2　75歳以上による死亡事故は減少しておらず、死亡事故割合は増加

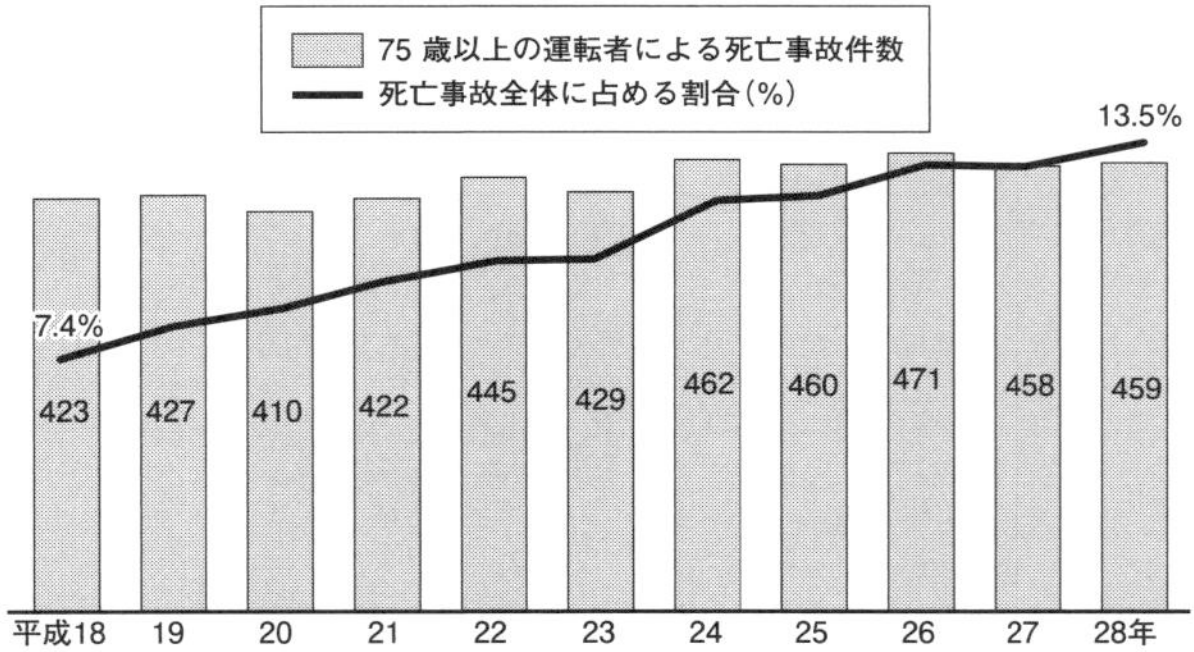


出典：総務省「平成29年交通安全白書」

にターゲットを定めて、その解決策をほかの領域に拡張していくというやり方がシステムの導入事例を考えるうえでは、有効になるのです。

## なぜ、高齢者の事故だけが減らないのか？

まずは、交通事故の死亡者数の変化から見ていきましょう。

交通事故による死亡者数は、過去30年でおよそ70%減少しています（前ページ図表2-1）。その背景には、安全性を考慮した道路の改修や交通安全運動の展開といったポリティカル（政治的）な要素と、自動車の衝突安全性の向上、自動ブレーキ技術の進化といったテクノロジー（技術的）の要素の両面があり、自動車関連分野はポリテック的なアプローチによる改善が進んでいる分野といえます。その一方で、高齢者による死亡事故の数はずっと変わっていません（前ページ図表2-2）。

そもそも、なぜ近年になって高齢者の自動車事故が問題になりはじめたのか、疑問に思っている人もいるでしょう。

**図表2-3　75歳以上の運転免許返納数は急増しているが、まだ5%程度**

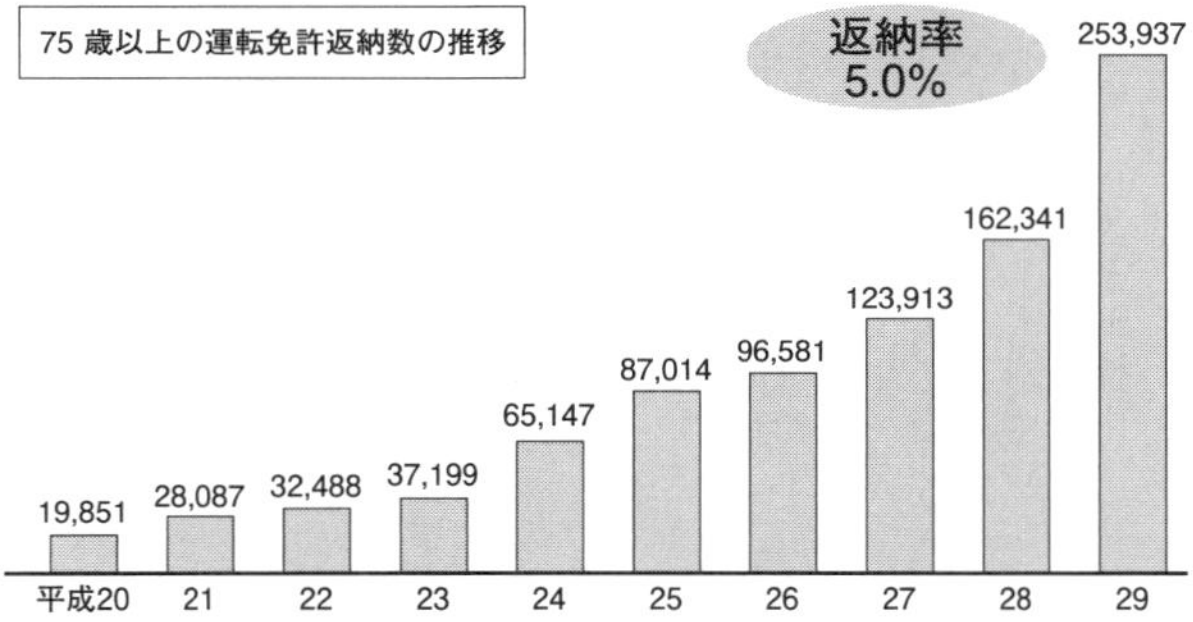


出典：警察庁「運転免許統計」をもとにメディヴァ作成

日本のモータリゼーション（自動車の大衆化）が本格的にはじまったのは、1964年の東京オリンピック以降です[*9]。この時期に20歳前後で自動車に乗りはじめた層は、現在70歳を超え、後期高齢者（75歳以上）に突入しはじめています。現在の高齢者は、一般層が日常的に自動車に乗るようになった最初の世代であり、日本の自動車産業の発展とともに年齢を重ねてきた世代でもあります。半世紀近くに及ぶ運転歴があるため、自動車のある生活に慣れ切っているし、高齢になったとはいえ運転技術にはまだ自信を持っているという人も少なくないでしょう。自分から運転免許を返納する判断は難しいかもしれません。

何より、地方在住で自動車がないと生活できない環境のため、否応なしに自動車を運転し続けているという人も、非常に多いはずです（前ページ図表2-3）。特に歩行機能に不安がある場合、足代わりとなる自動車は絶対に手放せなくなるでしょう。

事実、都道府県別の高齢者の運転免許の保持率のデータを見ると、東京・大阪・神奈川など、鉄道やバスといった交通インフラが発達している都市部のほうが比較的低くなっています（図表2-4）。また、地方都市でも広島・長崎では運転免許の返納率が高くなっていますが、これは市電の発達と関係がある可能性を株式会社メディヴァの大石佳能子氏は指摘しています。

## 「ドライバー監視技術」「自動運転技術」「コンパクトシティ化」

この問題に対しては、3つのアプローチによって解決していくべきだと思います。1つ目は「ドライバー監視技術」、ドライバーの状態を監視し事故を未然に防ぐ方法です。2つ目は「自動運転技術」、自動車の運転そのものを自動化することで解決します。3つ目は「コンパクトシティ化」、そもそも自動車を使わなくても生活できるように都

**図表2-4　高齢者の免許保有率が高い都道府県ほど返納率は低い**
**(＝車が必要な地方では免許保有率も高く、免許も返納しない)**

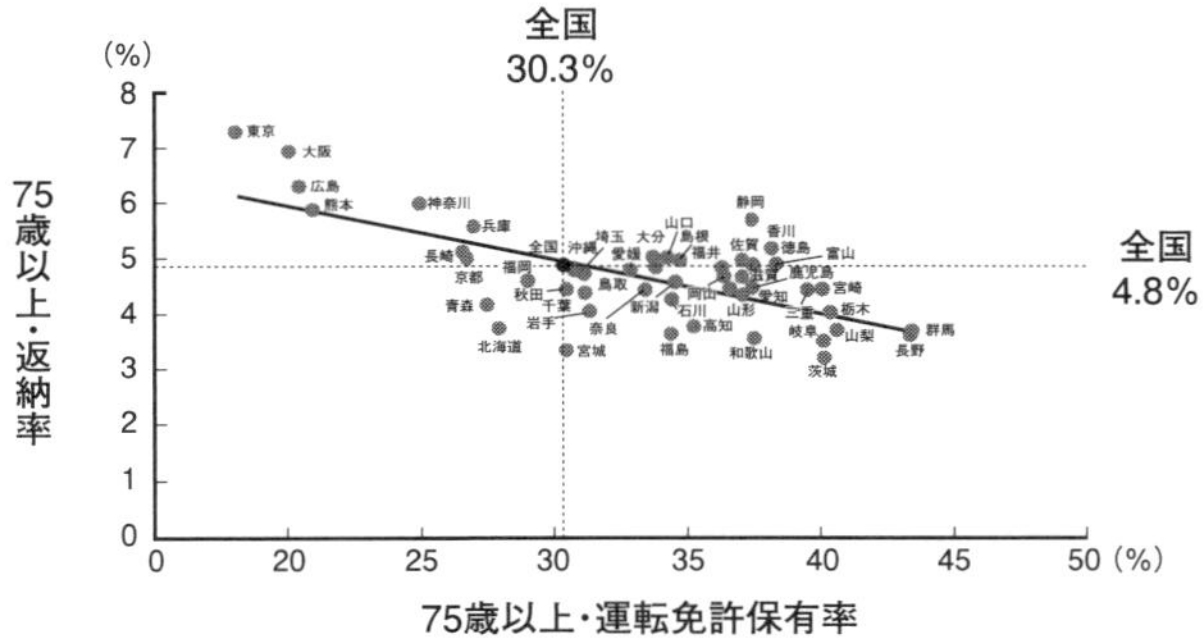


出典：「運転免許統計（平成29）」、「人口推計（平成29）」をもとにメディヴァ作成

市の形態を変えるというやり方です。

まず1つ目の「ドライバー監視技術」について考えてみましょう。高齢者が自動車事故を起こす直接的な要因は、高齢者の身体的・認知的能力の低下にあります。その解決には、ドライバーの状態を常時チェックするシステムの導入が有効になるはずです。

たとえば、株式会社デンソーが提供する「ドライバーステータスモニター」は、ドライバーの顔を常時カメラで撮影し、画像解析によりドライバーの状態を検出。運転中の不注意やわき見、居眠りなどを検知することで、注意喚起へとつなげています。

こうしたテクノロジーが発展することで将来的には、運転操作や回避動作のデータを統計的に解析し、ドライバーの判断力や認知能力が一定基準を下回ったという判断をAIが下した時点で、運転を止めるように警告が出たり、危険が迫っている場合にはエンジンを強制停止するといった機能も実現されるかもしれません。

また、前述した「JINS MEME」のようなテクノロジーで集中力を計測することも可能になりつつあり、今も開発が進んでいます。自動車の運転をはじめる前に集中力を計測して、安全な走行に必要な集中力が足りていないと判断された場合、エンジンがかからないようにするといったことも可能になるでしょう。

テクノロジーによる2つ目の解決が「自動運転技術」です。今後、自動運転車が社会に普及すれば、高齢者ドライバーの事故率は低下するでしょう。運転中の危険を察知して警告を発したり、高度な自動ブレーキ機能が搭載されることで、事故を未然に防げるようになります。現在、自動運転は「レベル3」(条件付き運転自動化)にあり、限定された条件のもとでなら、すべての運転タスクが自動化される段階にまで到達しています。内閣府は2018年4月に「戦略的イノベーション創造プログラム

（ＳＩＰ）自動走行システム研究開発計画」を発表し、２０２０年を目処に自動運転レベル３の市場化を目指すとしています。たとえば高速道路か大きな幹線道路で運用可能となる日は近いでしょう。

高齢者ドライバー問題の３つ目の解決策は「コンパクトシティ化」、つまり人々が暮らす都市そのものを、自動車が不要な形態に変えるというアプローチです。地方で自動車が不可欠なのは、生活に必要なお店や病院が遠くに離れているからです。生活上必要な施設の近くに住宅地を配置し、徒歩や自転車やバスで通えるようにすれば、自動車に依存した生活から抜け出せるでしょう。極端な話、ショッピングモールに病院や老人ホームを統合すれば、自動車がなくても生活に困りません。

生活圏が広範囲に及ぶ社会は、インフラの維持にコストがかかります。人口減少社会では、都市を縮小し生活エリアを限定したコンパクトシティ化により、様々な問題を同時に解決できるようになるのです。

## 高齢者ドライバー問題から産業事故の解決を図る

ここまで高齢者ドライバー問題を解決するための具体的な方法について考察してきましたが、ここからは他分野への応用の可能性を検討してみましょう。

2018年5月、滋賀県長浜市田川町の水田で、60代の男性が農作業中にトラクターに巻き込まれて死亡する事故が発生しました。[*10] このような事故は農業に限らず、林業、漁業、工場といった危険に身を晒す仕事では珍しくありませんが、今後は作業員の高齢化によってさらに増加することが予想されます。トラクターの運転やフォークリフトの操縦、工作機械の操作、林業でのチェーンソーの使用など、危険を伴う機械操作において、高齢化した作業員の安全をいかに確保するかという問題は、高齢者ドライバー問題と同様のアプローチによる解決が可能となるはずです。

たとえば、従業員のミスを防ぐためのサポートツールの導入です。ドライバー監視技術と同様のAIをシステムに組み込み、統計的なデータを参照しながら、事故の兆候が表れた時点で作業をストップさせる。そういった仕組みが提供されることで、事故の発生率は大幅に低下するでしょう。プログラミング用のテキストエディタには、コーディング時の入力ミスを検出し、どの部分でミスがあったのかをサジェストしてくれる機能を備えたものがあります。工場でも人と機械判定のハイブリッドでエラーを減らす仕組みが取り入れられている場所も数多く存在します。そういった補完機能がハードウェアに組み込まれ、操作ミスを指摘してくれれば、高齢者の身体能力や認知機能の衰えを補うことができるでしょう。

さらに自動運転が導入されれば、高齢者の現場作業の危険性はより軽減されるはずです。トラクターやフォークリフトの業務に自動運転が導入されると、人間の仕事はその機械を監視すること、つまり、目視による確認と責任の所在の確保となります。トラクターやフォークリフトは、農地や倉庫といった私有地での運転になるため法的な規制が少なく、公道を走る自動車の自動運転よりも早期に実用化が可能でしょう。

## 高齢化が著しい林業と建設業での対策が急務

今回の議論の最後に、高齢者ドライバー問題によって得られたノウハウを、どの地

**図表2-5　各産業の年齢階級別就業者比率(2014年平均)**

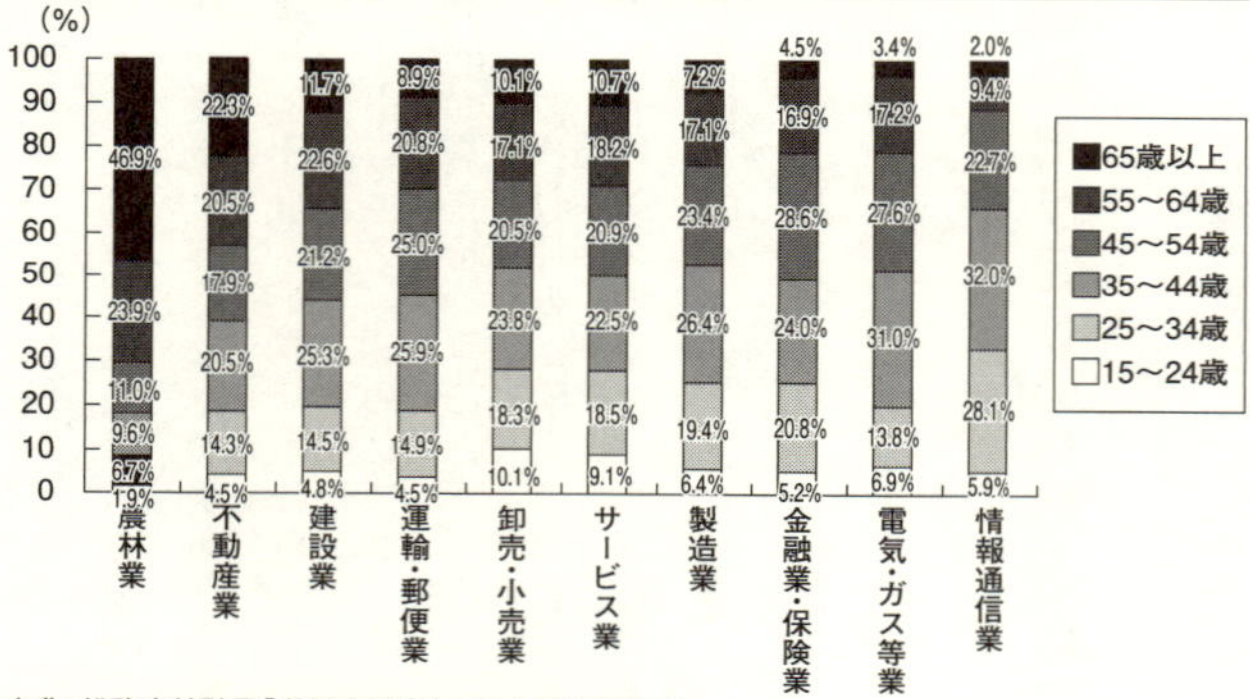


出典:総務省統計局「労働力調査」より大和総研作成
(2015年6月22日『各産業の高齢者・女性・非正規雇用の現状』大和総研レポート)

域のどの産業から応用していくべきかについて考えてみましょう。

ひとつの基準となるのが、その産業に携わる人たちの高齢化がどのくらい進んでいるかです。少し古いデータですが、大和総研が作成した図表を参照してみましょう。(図表2-5)。農林業ではすでに半数弱を65歳以上が占めています。建設業もあと10年すれば過半数が65歳以上になるという予測です。これらの産業では、生産性や安全性を確保するための制度やテクノロジーを早急に取り入れる必要があるといえます。

もうひとつ考慮したいのが、地域ごとの状況についてです。全国で一次産業の割合が高いのは、青森を筆頭に、秋田・山形・

## 図表2-6　都道府県別第一次産業就業者の割合

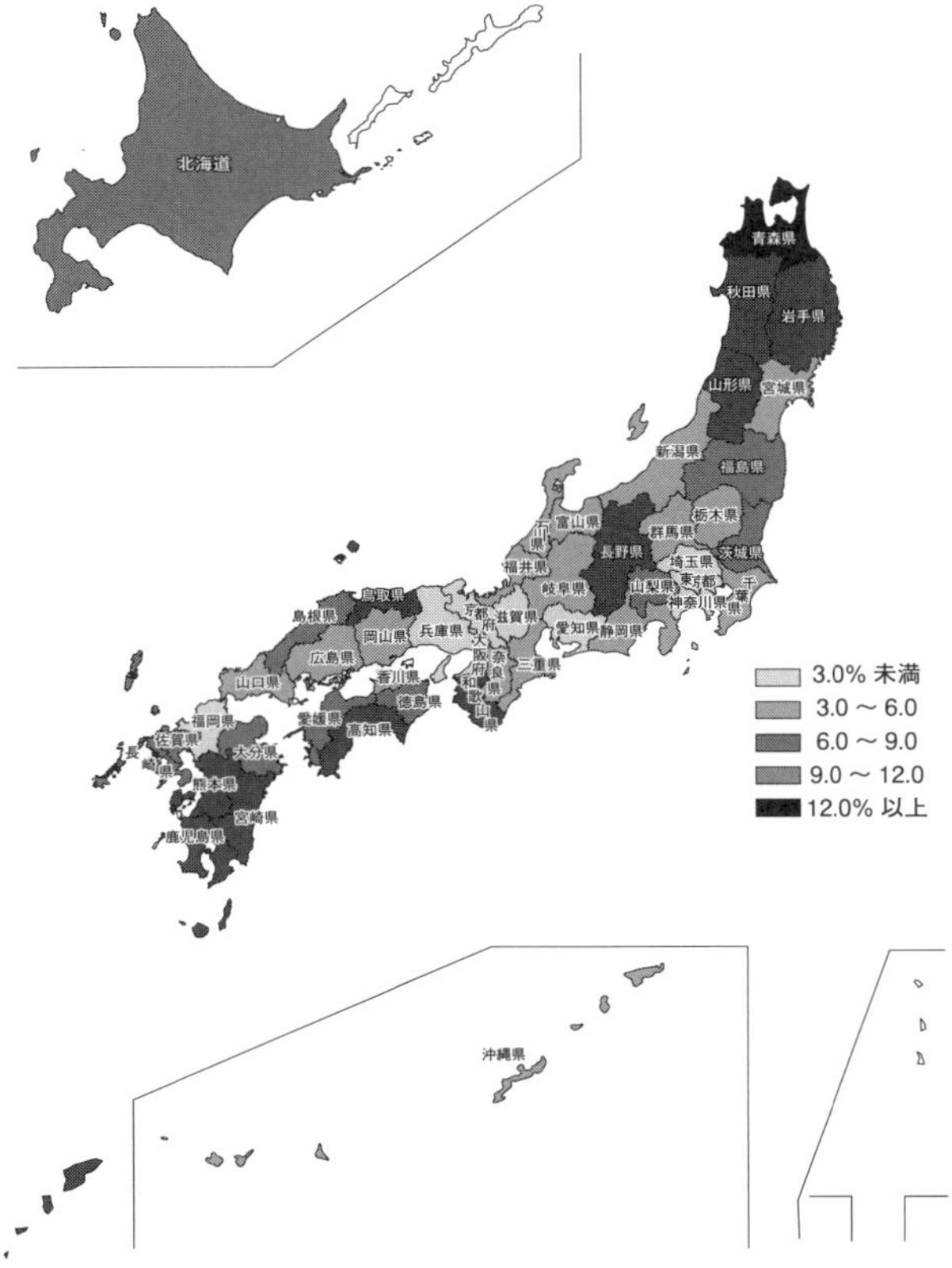


出典：総務省「平成27年国勢調査——都道府県別第一次産業就業者の割合」

岩手などの東北4県に長野、鳥取、和歌山、高知。九州では熊本、宮崎、鹿児島の3県です（前ページ図表2-6）。さらに、都道府県別の高齢化率や高齢者の就業率を見てみると、高齢化率では秋田県、高知県、島根県がトップ3（図表2-7）。高齢者の就業率は、男女とも長野・山梨の割合が高く、これは一次産業の割合が高い地域ともおおよそ重なっています。（112ページ図表2-8）。

こうしたデータを見ると、一次産業従事者の割合と高齢者の割合が両方とも高い青森県や、高齢者の就業率が高い長野県が、特に今後の人材や能力補完の意味で深刻な状況にある地域といえるかもしれません。

これらの地域を優先して、一次産業の自動化や建設業へのテクノロジーの導入を進めることが、高齢者による事故を減らすための取り組みとなるでしょう。

## 図表2-7　都道府県別高齢化率の推移

| | 平成27年(2015) | | | 平成52年(2040) | 高齢化率の伸び(ポイント) |
|---|---|---|---|---|---|
| | 総人口(千人) | 65歳以上人口(千人) | 高齢化率(%) | 高齢化率(%) | |
| 北海道 | 5,382 | 1,558 | 29.1 | 40.7 | 11.6 |
| 青森県 | 1,308 | 391 | 30.1 | 41.5 | 11.4 |
| 岩手県 | 1,280 | 387 | 30.4 | 39.7 | 9.3 |
| 宮城県 | 2,334 | 588 | 25.7 | 36.2 | 10.5 |
| 秋田県 | 1,023 | 343 | 33.8 | 43.8 | 10.0 |
| 山形県 | 1,124 | 344 | 30.8 | 39.3 | 8.5 |
| 福島県 | 1,914 | 542 | 28.7 | 39.3 | 10.6 |
| 茨城県 | 2,917 | 772 | 26.8 | 36.4 | 9.6 |
| 栃木県 | 1,974 | 508 | 25.9 | 36.3 | 10.4 |
| 群馬県 | 1,973 | 540 | 27.6 | 36.6 | 9.0 |
| 埼玉県 | 7,267 | 1,789 | 24.8 | 34.9 | 10.1 |
| 千葉県 | 6,223 | 1,584 | 25.9 | 36.5 | 10.6 |
| 東京都 | 13,515 | 3,006 | 22.7 | 33.5 | 10.8 |
| 神奈川県 | 9,126 | 2,158 | 23.9 | 35.0 | 11.1 |
| 新潟県 | 2,304 | 685 | 29.9 | 38.7 | 8.8 |
| 富山県 | 1,066 | 323 | 30.5 | 38.4 | 7.9 |
| 石川県 | 1,154 | 317 | 27.9 | 36.0 | 8.1 |
| 福井県 | 787 | 222 | 28.6 | 37.5 | 8.9 |
| 山梨県 | 835 | 235 | 28.4 | 38.8 | 10.4 |
| 長野県 | 2,099 | 626 | 30.1 | 38.4 | 8.3 |
| 岐阜県 | 2,032 | 568 | 28.1 | 36.2 | 8.1 |
| 静岡県 | 3,700 | 1,021 | 27.8 | 37.0 | 9.2 |
| 愛知県 | 7,483 | 1,761 | 23.8 | 32.4 | 8.6 |
| 三重県 | 1,816 | 501 | 27.9 | 36.0 | 8.1 |
| 滋賀県 | 1,413 | 338 | 24.2 | 32.8 | 8.6 |
| 京都府 | 2,610 | 703 | 27.5 | 36.4 | 8.9 |
| 大阪府 | 8,839 | 2,278 | 26.1 | 36.0 | 9.9 |
| 兵庫県 | 5,535 | 1,482 | 27.1 | 36.4 | 9.3 |
| 奈良県 | 1,364 | 389 | 28.7 | 38.1 | 9.4 |
| 和歌山県 | 964 | 296 | 30.9 | 39.9 | 9.0 |
| 鳥取県 | 573 | 169 | 29.7 | 38.2 | 8.5 |
| 島根県 | 694 | 223 | 32.5 | 39.1 | 6.6 |
| 岡山県 | 1,922 | 541 | 28.7 | 34.8 | 6.1 |
| 広島県 | 2,844 | 774 | 27.5 | 36.1 | 8.6 |
| 山口県 | 1,405 | 448 | 32.1 | 38.3 | 6.2 |
| 徳島県 | 756 | 231 | 31.0 | 40.2 | 9.2 |
| 香川県 | 976 | 286 | 29.9 | 37.9 | 8.0 |
| 愛媛県 | 1385 | 417 | 30.6 | 38.7 | 8.1 |
| 高知県 | 728 | 237 | 32.8 | 40.9 | 8.1 |
| 福岡県 | 5,102 | 1,305 | 25.9 | 35.3 | 9.4 |
| 佐賀県 | 833 | 229 | 27.7 | 35.5 | 7.8 |
| 長崎県 | 1,377 | 405 | 29.6 | 39.3 | 9.7 |
| 熊本県 | 1,786 | 511 | 28.8 | 36.4 | 7.6 |
| 大分県 | 1,166 | 352 | 30.4 | 36.7 | 6.3 |
| 宮崎県 | 1,104 | 323 | 29.5 | 37.0 | 7.5 |
| 鹿児島県 | 1,648 | 480 | 29.4 | 37.5 | 8.1 |
| 沖縄県 | 1,434 | 278 | 19.6 | 30.3 | 10.7 |

資料：平成27年は総務省「国勢調査」、平成52年は国立社会保障・人口問題研究所『日本の地域別将来推計人口（平成25年3月推計）』
出典：内閣府「平成29年版高齢社会白書」

## 図表2-8　高齢者の男女、都道府県別有業率（平成19年、24年）

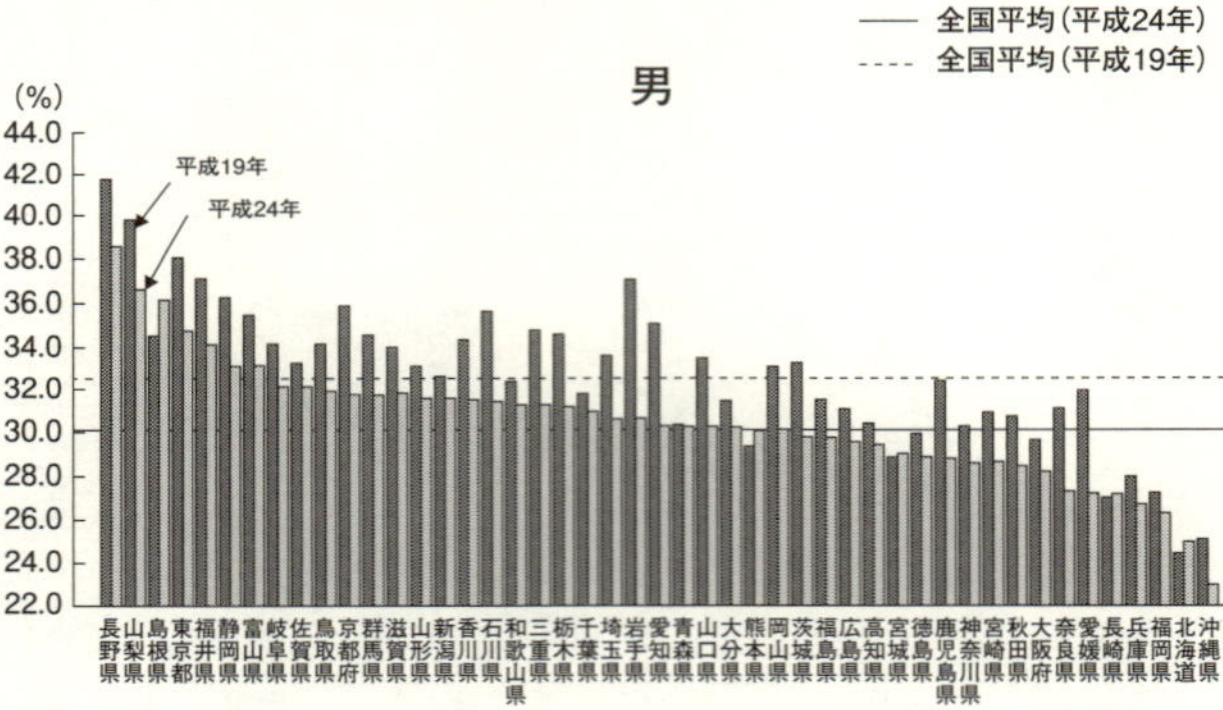


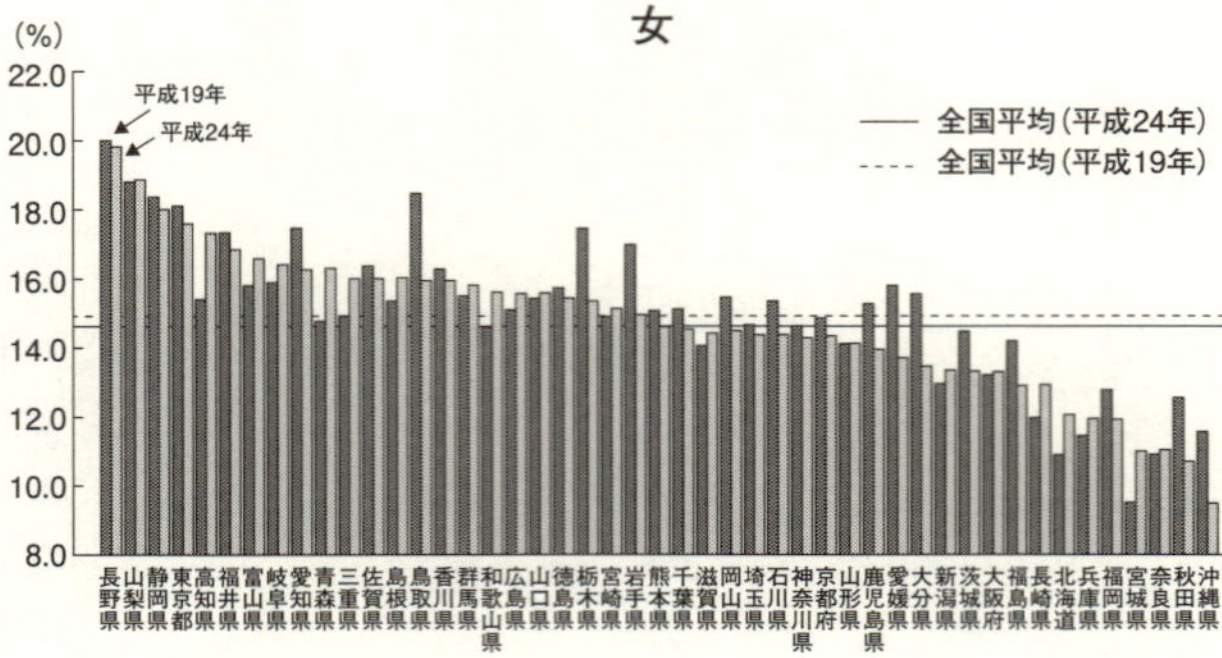


出典:「就業構造基本調査」（総務省総計局のサイトより）

## 【高齢社会テーブルの議論のまとめ】

まず、大きな問題に、「高齢者」としてひとくくりに問題解決が図られがちな点があると思います。

たとえば、75歳以上の方が免許証を更新する場合、記憶力や判断力といった認知機能のテストが実施されますが、これは「高齢者ドライバーの運転能力は、認知機能だけを見ていれば判断できる」ことを暗黙の前提としたテストです。しかし実際には、目のかすみや緑内障といった視力にかかわる問題もあります。特に緑内障は40歳以上の20人に1人が患っているといわれており、[*11] 発症すると視野狭窄(きょうさく)に陥ってしまいます。

高齢者ドライバー問題を考える際の指針は、「運転能力の程度に応じて、段階的に対応を変えていく」となるべきです。症状の軽重にかかわらず認知症患者から等しく免許証を取り上げるのではなく、テクノロジーで運転能力を補完できる場合には運転を認めるなど、それぞれの状況に応じた個別対応が求められます。

その際、自動運転やコネクテッドカー（常にインターネットにつながっている車。安全な自動運転が可能になる）といった最新テクノロジーが不可欠になってきます。なぜなら、これらの技術は、失われた人間の身体機能を補完し、運転能力を一様に保ってくれるものだからです。たとえば、認知症を患い、危険を察知する能力を失っていても、自動ブレーキ機能があれば安全に運転することができます。スマホの登場以降、電話やテレビがインターネット上のアプリケーションになったように、モビリティもインターネットの上のアプリケーションになろうとしているのです。

認知症をはじめとする運転能力低下に関するリテラシーを身につけ、相互扶助的なコミュニティを形成していくことも必要です。その際も、VR空間で認知症患者の見ている世界を追体験するなど、テクノロジーの活用が必須になります。根本的なリテラシー向上のために、義務教育のカリキュラムに認知症についての学習を組み込むことも必要になってくるでしょう。たとえばイギリスでは、放課後に子どもたちが高齢者や認知症患者の施設を訪れてサービスをする活動が義務教育に含まれています。日本でもこうしたカリキュラムを積極的に取り入れ、しっかりとした理解に基づく相互扶助コミュニティをつくっていくことが求められるでしょう。

また、相互扶助がより円滑に行なわれるようになるための法整備も求められます。たとえば、個人が自家用車で他の人を送り収入を得ることは、現状の法律では「白タク行為」として禁じられています。しかし、もしこれが認められるようになれば、運転能力を失った高齢者の方の行動範囲はかなり広がるはずです。もちろん、既存のタクシー業界との兼ね合いや安全面など、白タクを認可することによって生じる問題もあるので、一つひとつ議論していく必要はありますが、相互扶助コミュニティの形成を後押しするための法整備は、避けては通れない問題となるでしょう。その整備がされれば、コミュニケーションの土壌はスマホの発展により、成立していきます。

このように、最新テクノロジーを活用して、高齢者も認知症患者も含めたコミュニティの全員で、お互いに支え合うような社会を目指していく必要があります。

すでに、その萌芽も現れています。東京都町田市で「はたらくこと」を中心としたデイサービス「DAYS BLG!」は、認知症のある人（以下、メンバー）たちが、子どもたちのために紙芝居の読み聞かせをする取り組みを行なっています。紙芝居が終わった後に認知症だとカミングアウトしていますが、それもすべてメンバーからの提案だそうです。メンバーと子どもたちが交流することで、街で会ったときに自然と挨拶が生まれるような関係を築き上げているのです。

また、株式会社シルバーウッドが運営するサービス付き高齢者向け住宅「銀木犀（ぎんもくせい）」には、認知症の方が店番を務める駄菓子屋さんがあり、なんと1か月の売上は50万円近くに及びます。毎日たくさんの子どもたちで賑わい、「別に認知症でも、普通のおばあちゃんだよね」といった認識が共有されているそうです。

こうした支え合いが当たり前になれば、超高齢社会に突入しても、一人ひとりが抱え込む負担は少なくなっていくのではないでしょうか。「高齢者から免許を取り上げよう」ではなく、皆が「高齢者をサポートしよう」という発想を持てる社会をつくっていくべきなのです。

**〈高齢社会テーブル〉** ★はリーダー

★株式会社メディヴァ代表取締役社長　大石佳能子氏
・理化学研究所生命機能科学研究センター網膜再生医療研究開発プロジェクトプロジェクトリーダー　高橋政代氏
・新潟大学法学部教授・理化学研究所PI・情報法制研究所理事長　鈴木正朝氏
・恵泉女学園大学学長（NPO 法人あい・ぽーとステーション代表理事）　大日向雅美氏
・株式会社シルバーウッド 代表取締役　下河原忠道氏
・NPO法人町田市つながりの開DAYS BLG!代表　前田隆行氏

＊1 内閣府「平成30年高齢社会白書（全体版）」による

＊2 警察庁「平成29年中の交通事故死者数について」

＊3、4 警察庁「平成29年交通事故統計」

＊5 内閣府「平成28年度交通事故の状況及び交通安全施策の現況」

＊6 厚生労働省「要介護認定率：介護給付費等実態調査」、朝田隆（筑波大学）「都市部における認知症有病率と認知症の生活機能障害への対応」、総務省統計局「平成29年度4月（確定値）」、厚生労働省「入院受療率：患者調査」

＊7 内閣府「平成28年度交通事故の状況及び交通安全施策の現状」

＊8 警察庁「運転免許統計」

＊9 日本に最初に自動車が持ち込まれたのは1900年前後で、1903年には日本初の自動車取締規則「乗合自動車営業取締規則」が8府県に発令されている。国内の自動車保有台数は1930年の時点で約10万台。戦時中は10万台後半で推移していたが、戦後の復興がはじまると急増し、1954年に100万台、1968年には1000万台を超え、一般層への普及が急速に進んだ

＊10 京都新聞「水田に男性遺体、トラクターに巻き込まれたか　滋賀・長浜」（2018年5月27日）

＊11 日本緑内障学会「日本緑内障学会多治見緑内障疫学調査（通称：多治見スタディ）報告」による

## [ グラフィックレコーディング「高齢社会」編 ]

「高齢者」とひとくくりにせず、「高齢化」に関するリテラシーをつけ、
テクノロジーとコミュニティで、支え合える社会をつくる

VR を使って事故を疑似体験したり、高齢者の見ている世界を経験する

高齢者や認知症の人のそれぞれの段階に合わせた施策を

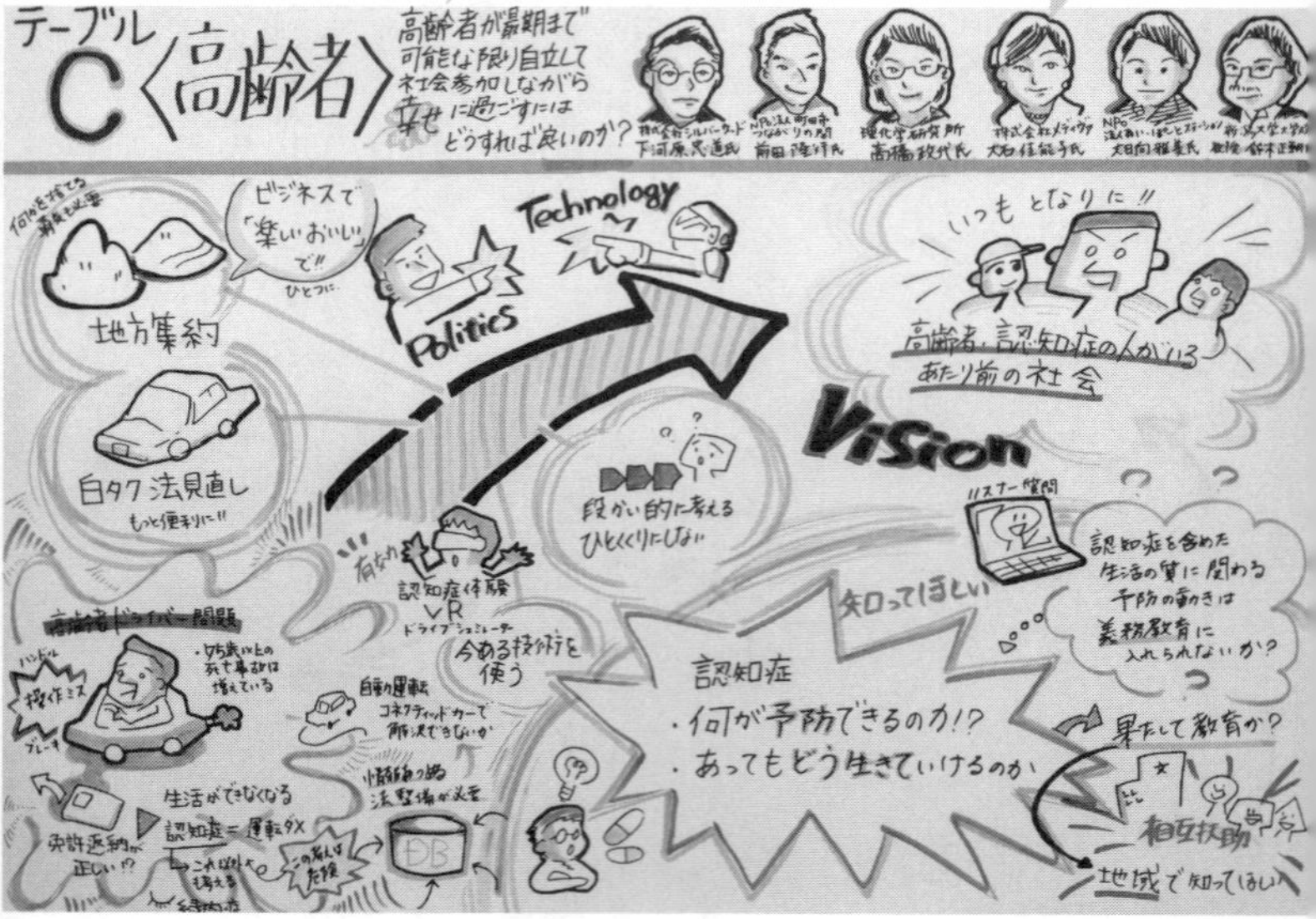


白タク法の見直しなど、サポートしやすい仕掛け

みんなで
支え合う社会に

（※議論の動画はこちら。http://live.nicovideo.jp/watch/lv314659847）

column

# 「お世話介護」から「自立支援」へ
## ――介護のパラダイムシフト

株式会社メディヴァ代表取締役社長　大石佳能子

ここでは、日本の医療介護をめぐる現状と問題点について概観します。日本の医療介護は今、「お世話介護」から「自立支援」への根本的なパラダイムシフトの必要に迫られています。どういった現状で、何が問題になっているのでしょうか。

日本の医療費・介護費は、1960年代以降、右肩上がりに増えています。医療費・介護費あわせて毎年1兆円ずつ増えており、毎年9%ずつ増加していることになります。膨らみ続ける医療費・介護費の多くは、全国民の人口の約13%を占める75歳以上の高齢者に使われています。[*12] 75歳を超えると医療介護の必要性が一気に増え、医療費の約3分の1、介護費の約9割が75歳以上の方に投下されているのです。[*13]

しかし、お金をかけることで、本当に本人たちは幸せになっているのでしょうか。たとえば認知症のケースを考えてみましょう。日本は、諸外国に比べて認知症の患者さん

## 毎年1兆円、急速に増える医療費・介護費

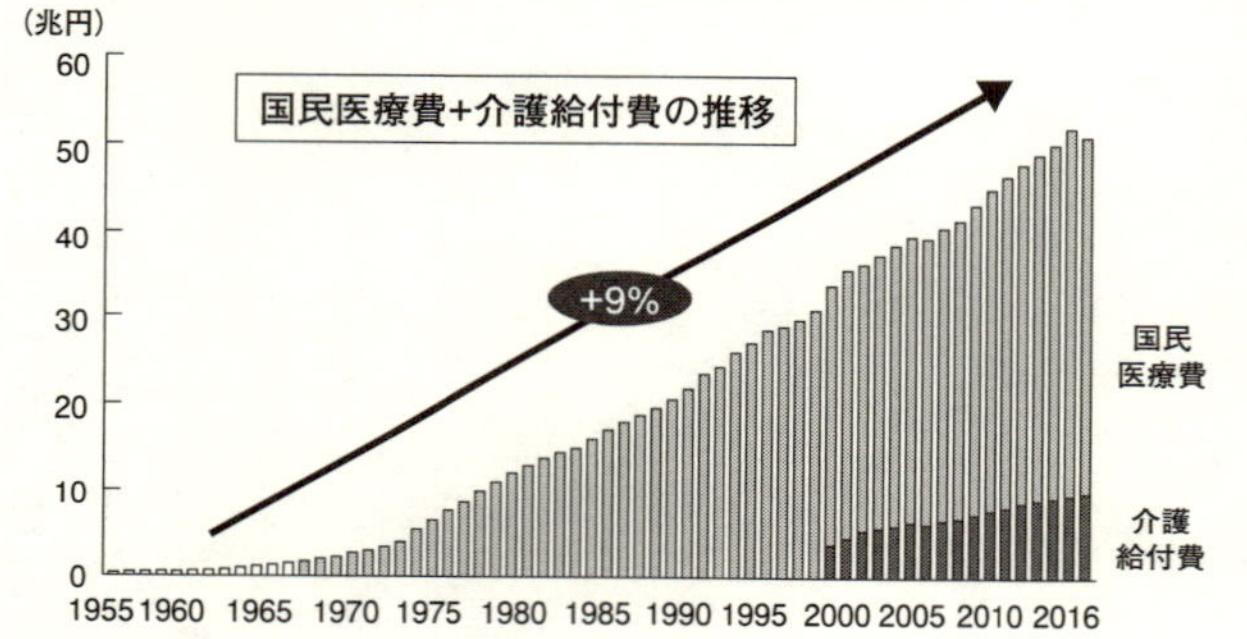


出典:厚生労働省「国民医療費の概況」、「介護分野の最近の動向」、「介護給付費等実態調査」
2016年の医療費については、「平成28年度医療費の動向」による概算値

が多いことで知られています。[*14] そして、日本の認知症の患者さんの15%ぐらいは精神病院に入れられている。[*15] これは、ヨーロッパなど諸外国では考えられないことです。

もちろん、自分の近しい人が精神病院に入院することに不快感を覚えない人はいないでしょうし、コスト面で見ても大きなデメリットが生まれます。在宅療養と比べて、入院すると3倍の費用がかかるのです。[*16]

さらには、入院することで、高齢者の生活の質（QOL）も奪われます。特に認知症の場合は、入院期間が長引くと、歩行や食事のための能力が低くなっていき、全身状態がどんどん衰弱していきます。つまり、入院は、精神的・金銭的なコストをかけて、

**介護人材は2025年度までに55万人(+30%)必要**

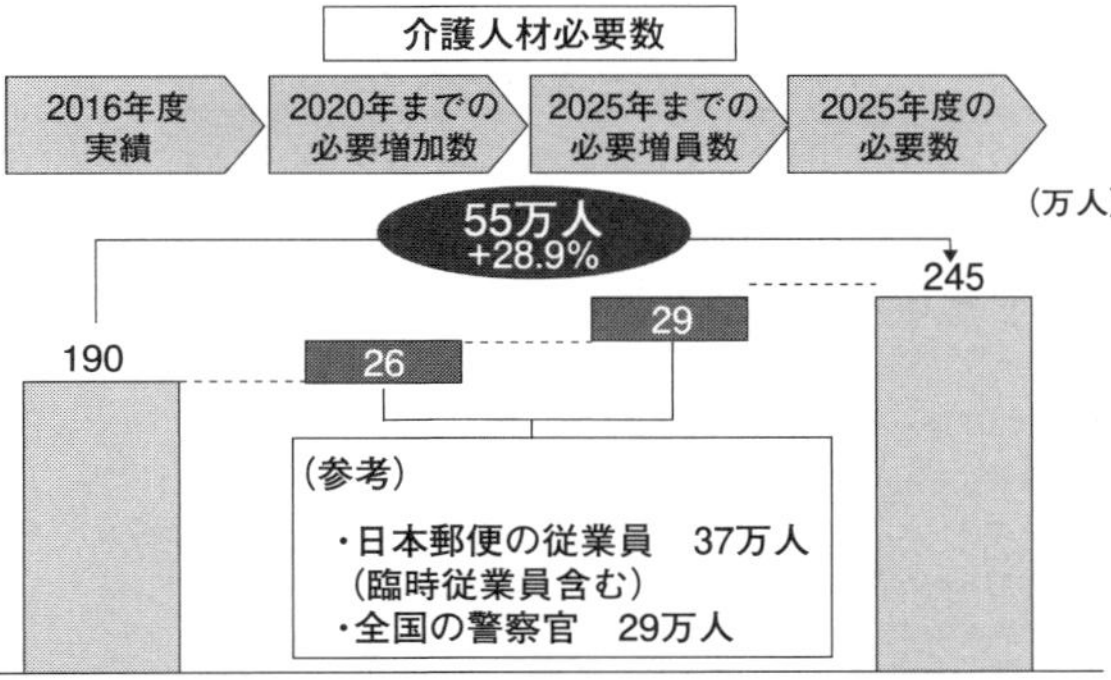


第7期介護保険事業計算に基づく介護人材の必要数について。常勤、非常勤を含めた実人員数
(厚生労働省、https://www.mhlw.go.jp/file/04-Houdouhappyou-12004000-Shakaiengokyoku-Shakai-Fukushikibanka/0000207319.pdf)

生活能力を奪っていることと同義なのです。

　また、介護人材不足も深刻です。日本は、2025年までにあと55万人の介護人材を増やす必要があります。これは、現状の約30%の人数で、郵便局と警察に勤めている人を全員動員しても、全体として必要な人数にはまだ足りません。[*17]

　人材不足を解決するには、テクノロジーの活用が必須で、実際にセンサーなどの導入が進んでいる例もあります。[*18] センサーで夜間の見回りをすることで、50人の高齢者を1人で見守ることができるようになるのです。日本では、約15人を1人が見守る体制になっているので、センサーを本格導入すれば生産性を

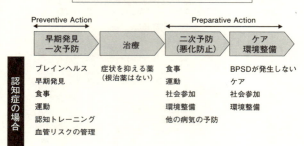

## 世界の流れは治療だけでなく、予防・ケアを含む「包括的対応」

「病」への対応方法のパラダイムシフト

| | Preventive Action | | Preparative Action | |
|---|---|---|---|---|
| | 早期発見<br>一次予防 | 治療 | 二次予防<br>(悪化防止) | ケア<br>環境整備 |
| 認知症の場合 | ブレインヘルス<br>早期発見<br>食事<br>運動<br>認知トレーニング<br>血管リスクの管理 | 症状を抑える薬<br>(根治薬はない) | 食事<br>運動<br>社会参加<br>環境整備<br>他の病気の予防 | BPSDが発生しない<br>ケア<br>社会参加<br>環境整備 |

3倍に上げることができます。

世界の流れは、治療だけでなく、予防・ケアを含む「包括的対応」へと変わりつつあります。背景には、疾病構造の変化があります。結核のように薬で治療できる病気から、認知症や糖尿病のような生活習慣病へと病気の中心が変わっていったのです。「病院に入れて薬を投与すればよい」時代は終わり、治療だけでなく、予防・ケアまで考えなければいけない時代になっています。

予防・ケアは、食事・運動が基本です。認知症も、脳血管障害やアルコール性のものは食事で予防できますし、アルツハイマー病も、食事で予防まではできませんが、悪化防止は可能です。食事については、「コレステロールを気にして卵や肉を食べない」「さっぱりしたものを食べて、あとは青汁を飲む」といった誤認識が広まっていますが、それは結果的に血管や筋肉を弱くし、認知症を悪化させるので注意しましょう。105歳まで元気に生きた日野原重明氏は、週2回はステーキ、毎日野菜をたっぷり食べていたそうです。[*19]

社会参加も認知症の予防・悪化防止に有効です。社会参加で認知症の症状を抑えられることを示す研究結果もあります。[*20]

たとえばイギリスでは、認知症になったらまずiPadを配り、別の認知症の人に使い方を教えてもらっているのです。そうすれば、外出せずともiPad上で他の人とコミュニケーションをとることも可能となります。日本も、テクノロジーを活用しつつ、社会とのつながりを保てるような政策を推進する必要があるでしょう。

環境整備を行なうという手もあります。たとえば、廊下の色の調整。下のほうが暗いと、そこが穴に見えて怖いから、外に出られないのです。それを変えることで、どんどん外に出られるようになります。他にも、「迷いにくいドア」「失敗しにくいトイレ」など、海外では様々な環境整備が行なわれています。街単位で、「認知症に優しい街」の

## 高齢者と若者にとっての幸せな社会づくり

**これからの医療介護の在り方**

×
- ・病気になってから治す
- ・むやみに入院させる（特に精神病院）
- ・高齢者の自立を奪う「過度なお世話」
- ・人海戦術の介護

○
- ・予防や悪化防止に力を入れる
- ・自宅や高齢者在宅で自分らしく過ごす
- ・「自立支援」と「社会参加」を支援
- ・テクノロジーや科学的環境整備

▶

元気な高齢者を増やす
コストの効率化
資源の重点配分
幸せな社会づくり

環境デザインを行なっているケースもあります。

このように、「お世話介護」から「自立支援」へのパラダイムシフトが求められているのです。病気になってから治すのではなく、予防・悪化防止に力を入れる。むやみに入院させるのではなく、自宅や高齢者住宅で自分らしく過ごしてもらう。高齢者の自立を奪う「過度なお世話」ではなく、「自立支援」「社会参加」を支援する。人海戦術の介護ではなく、テクノロジー活用や科学的環境整備で対応する。

若者にとっても、高齢者にとっても幸せな社会をつくる。元気な高齢者を増やし、結果としてコスト効率を上げていくことが求められているのです。

＊12 厚生労働省「国民医療費の概況」、社会保障審議会「平成30年介護医療分野の最近の動向」、「介護給付費等実態調査」、２０１６年の医療費については、「平成28年度医療費の動向」による概算値
＊13 厚生労働省「平成28年度国民医療費の概況」、「平成29年度介護給付費等実態調査の概況」、「人口動態調査」
＊14 ＷＨＯ「DEMENTIA」、厚生労働省「認知症高齢者の日常生活自立度」
＊15 富士通総研「認知症の人の精神科入院医療と在宅支援のあり方に関する研究会（平成25年度第1回）」
＊16 厚生労働省「平成29年度介護給付費等実態調査」
＊17 厚生労働省「第7期介護保険事業計画に基づく介護人材の必要数について」
＊18 感情認識ヒューマノイドロボット「Pepper」や、ドローンを使った監視サービス「T-FREND」などのサービスが登場している
＊19 ＮＨＫ 健康チャンネル「【あの人の健康法】日野原重明の直伝！健康維持・長生きの秘訣とは？」
＊20 厚生労働省「社会参加と介護予防効果の関係について」

子どもは
親が育てるものといって、
責任を押しつけて
責めても仕方がない

オンラインサロンが、
消滅してしまった
コミュニティの代替になる

自分の弱いところを誰かに
伝えるのは怖いから、
困っている人が声をあげるのを
待つのではなく、見つけにいく

この問題は贈与経済が
一番回りやすいところ

# 第3章 孤立化した子育てから脱却するために

## 「新しい信頼関係」に基づくコミュニティで子育て問題を解決する

情報を共有することで
より簡単に質の高い保育が
できるようになる

## 【子育ての議論をはじめる前に】

「子育ては親の責任」という価値観が、親たちを追い詰めています。[*1] 男性の育児参加が進みつつあるとはいえ、「育児は母親」という考え方もまだまだ根強い。[*2] したがって、母子家庭の母親の就労が厳しくなり、母子世帯の貧困を加速させている現状があります。このように子育ての負担が親だけにのしかかっているため、「児童虐待」や「見えない貧困[*3]」など、決して幸せとはいえない環境にさらされている子どもたちを生み出しているのではないでしょうか。

恵まれない子どもたちの数を減らすためには、親だけのせいにすることなく、社会全体で子育てに取り組んでいかなければいけません。

たとえば、東京都文京区では、就学援助または児童扶養手当を受給している約600世帯に食品を届ける「こども宅食[*4]」という事業が推進されています。共働きや母子家庭が珍しくなくなった今、「子どもは親が育てるもの」といった責任転嫁思考では状況は好転しないのです。

子育てに必要な能力やリソースは多岐にわたるので、対症療法的な金銭給付だけでは、根本的な問題解決にはつながりません。また、本来であれば、生まれる前から進学、就職まで一貫して支援する必要がありますが、支援がすべてバラバラになってしまっている問題もあります。

本章では、子育ての責任を親だけに押しつけず、社会全体で支援を進めていくためにはどうすればいいのかを考えていきましょう。

（Ｔｅｘｔ ｂｙ編集部）

## 母子世帯の貧困は社会のひずみの縮図であり、対症療法的な金銭給付だけが解決策ではない

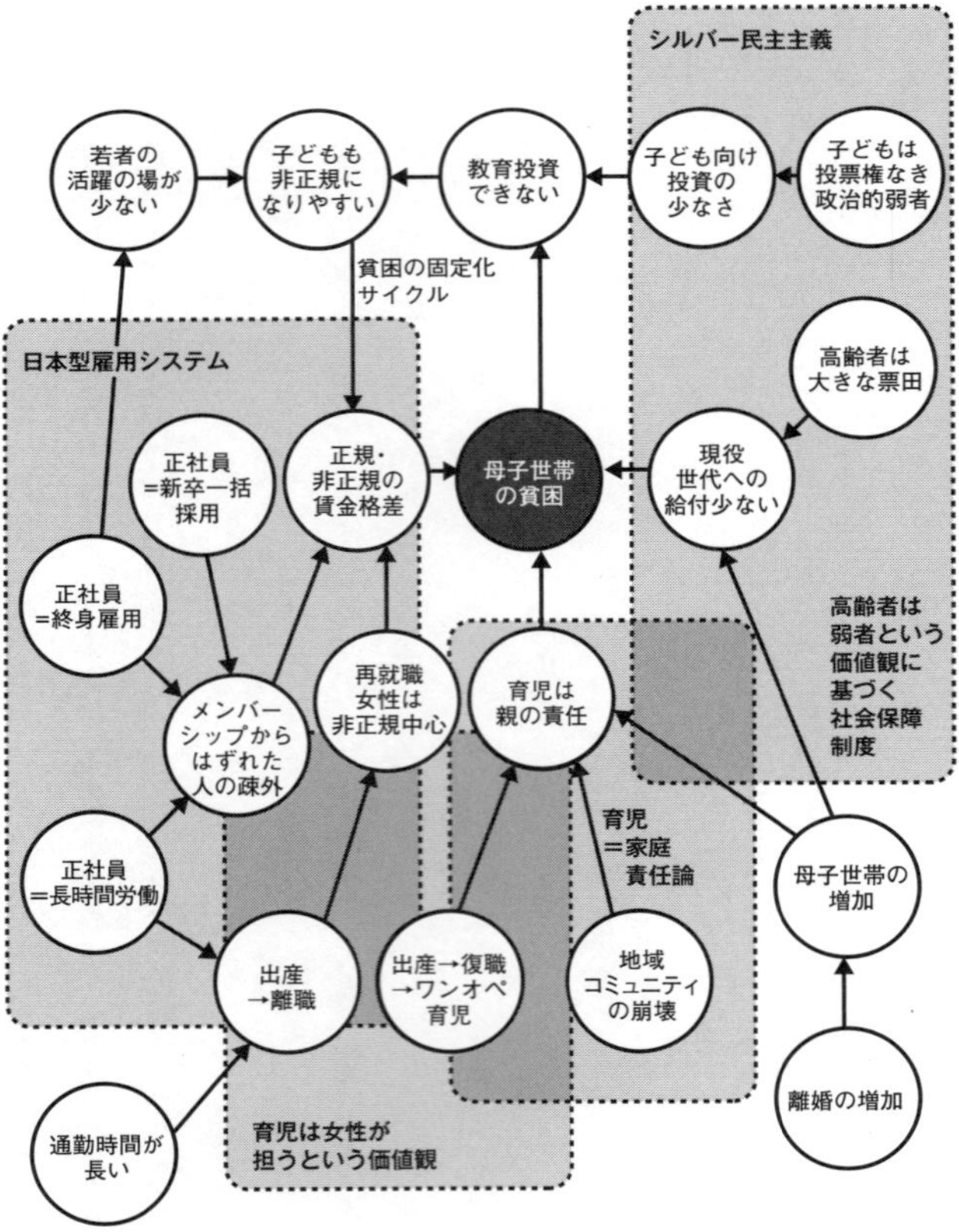


出典：経済産業省次官・若手プロジェクト「不安な個人、立ちすくむ国家」

OCHIAI'S OPINION

# 若年層の「子育てのしづらさ」はどこから生まれるのか

落合　陽一

19世紀のフランスの社会学者デュルケームが提唱した「アノミー」という概念があります。これは、一般的に「社会の中での排他性が強まり、帰属性が消失すること」を表し、日本でも宮台真司さんが、「高度成長経済による地域や会社といった共同体の空洞化」の中で「どうしていいかわからない状態」を、「アノミー状態」という言葉で表現しています。[*5]

現代で子育てに取り組む親たちが置かれている状況は、まさに、社会学の用語で言うところの「アノミー」と同じです。言い換えれば、社会と個人の距離が遠くなることで、子育てがしにくくなってしまっているのではないでしょうか。

親たちが「アノミー」に追い込まれてしまった大きな要因として、高度経済成長に

## 図表3-1　世帯数と平均世帯人員の年次推移

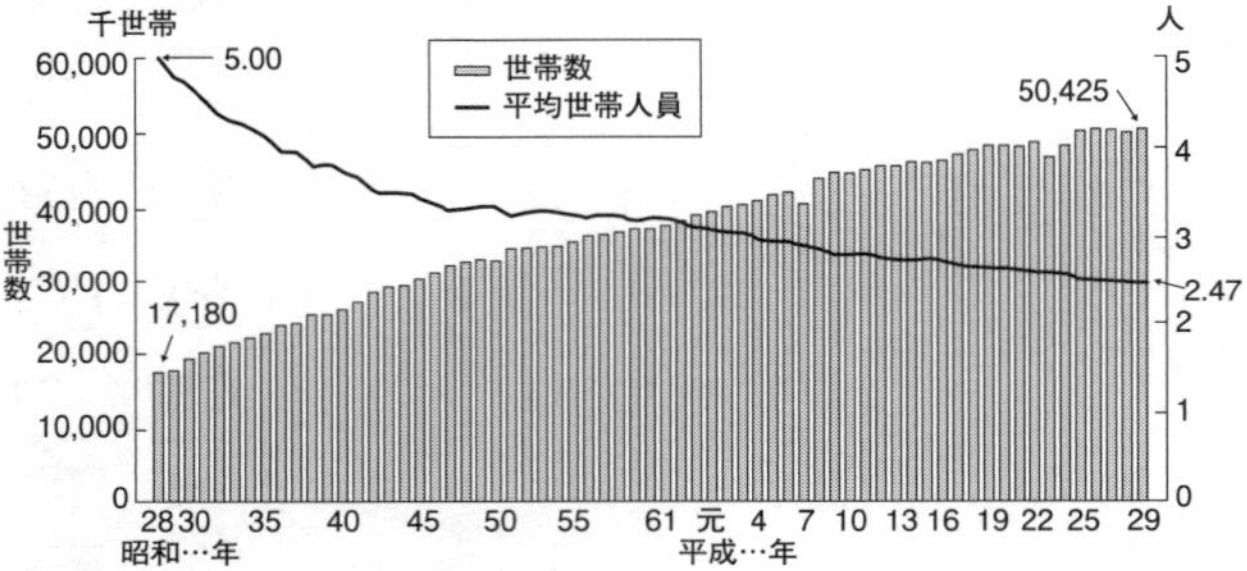


注：1）平成7年の数値は、兵庫県を除いたものである
　　2）平成23年の数値は、岩手県、宮城県及び福島県を除いたものである
　　3）平成24年の数値は、福島県を除いたものである
　　4）平成28年の数値は、熊本県を除いたものである
出典：厚生労働省「平成29年国民生活基礎調査」

伴う「核家族化」が挙げられます。日本はもともと、ご近所さん同士の結びつきが強い地域コミュニティのもとで、おじいちゃん・おばあちゃんと一緒に3世代で暮らすのが普通でした。

しかし20世紀後半になるにつれ、若年層が都市に出て夫婦と子どもだけで構成される核家族の割合が増えていきます。実際、平均世帯人数は、1953年には5人だったのが、徐々に少なくなっていき、今では半分の約2・5人ほどになっています（図表3−1）。

戦前の日本社会は、祖父母と同居するのが一般的で、家族の中の年齢や価値観、働き方などのダイバーシティも高かったといえます。

また、家族が社会とつながる回路として、お父さんのコミュニティ、お母さんのコミュニティ、子どものコミュニティのみならず、おじいちゃんとおばあちゃんのコミュニティも存在していました。

家の中の一人ひとりが、それぞれのコミュニティで、「レイヤー構造[*6]」のように社会と接続されていたので、地域コミュニティとのつながりも強く、近所に子どもをみてくれる人がいるなど、子育てを支援し合える環境があったのです。

しかし、その後、若年層が都市に進出したことによって、核家族化が進み、社会が分断され、こうした子育てのサポートも希薄になってしまったのです。

## 「新しい信頼関係」に基づいた子育て支援

以上を踏まえ、解決策としては2つの方向性があると思います。

1つ目は、手が空いている人材に子どもの面倒をみてもらえる仕組みをつくる。これにはインターネットサービスの活用が有効でしょう。2つ目は、隣人たちと共同で子育てに携われる地域コミュニティの再構築です。これも限界費用が、ITインフラによって下がったことによる恩恵のひとつです。

まずは、1つ目の方法から考えてみましょう。近年、ベビーシッターのマッチングサービス「キッズライン」[*7]のように、お金を払って子育てを手軽にサポートしてもらえる仕組みが登場しています。条件の合致するベビーシッターに、1時間単位で子どもの世話をお願いできるのです。

インターネットで見知らぬ人に育児を依頼するのは抵抗があるという人もいるかもしれません。しかし、最近はWeb上で「信頼」が可視化されることによって、安心して子育てを依頼できるネットワークが生まれています。

核家族化以前の日本社会は、先祖代々お互いに知り合いだった人たちによる、ローカルなコミュニティで子育てを支援していました。そして、それは非常に信頼性が高かった。なぜなら、閉鎖的なコミュニティでは不誠実な対応をとってしまった際に生じるデメリットが大きいからです。

今、これと似たような仕組みが、インターネットを中心に生まれています。SNS

上での個人のレピュテーション（評判）が可視化されるようになったことで、ネット上の行動にも制約が生まれ、信頼関係とも呼ばれるようなものが再び醸成されつつあるのです。お互いに事故があってはまずいと思えばやりとりに気を使いますし、不誠実な対応をとってしまった場合、SNS上でその噂は瞬時に広まり（いわゆる「炎上」）、多大なデメリットを被ってしまいます。よってネット上では、お互いに「予想もつかないような悪いことはしないだろう」といった信頼感が育まれているのです。

これは、UberやAirbnbといったCtoCサービスでも事情は同じです。不誠実な対応をすると評価が下がり、マッチングしにくくなるという仕組みがあることで、Uberの運転手やAirbnbのホストを信頼できるのです。こういったテクノロジーを活用した相互交流的なサービスは、子育ての問題のみならず高齢化社会の解決の糸口にもなるかもしれません。

## 高齢者が勤労世代を支える、これからの「子育てコミュニティ」

2つ目の、子育てを支援する地域コミュニティの再構築は、どのように進めていくべきでしょうか。

ここでひとつ発想の転換をしておきましょう。これまでは「勤労世代が高齢者を支えなければならない」と言われてきましたが、今後はむしろ「高齢者が勤労世代を支える」という発想が求められるようになるかもしれません。特に、機械による自動化が難しい子育てにおいては、人口に占める割合の多い高齢層に貢献してもらえる仕組みづくりが重要になるでしょう。

## 未就学児のコストをどう見積もるか

別の観点から付け加えると、未就学児の子育てで親が負担する労力的な問題を解決することも、実は大事なことではないかと考えています。

「子育てがしにくい」という声をよく耳にしますが、[*8]その大部分は要するに「1歳から6歳までが育てにくい」ということだと思います。子どもの成長を長い目で見れば、未就学の期間は長くて6年間です。子どもが自立する18歳までの間の3分の1の

**図表3-2（参考）　夫・妻の時間の使い方**
**（就学前の子どもがいる夫婦の自由時間が少ない）**

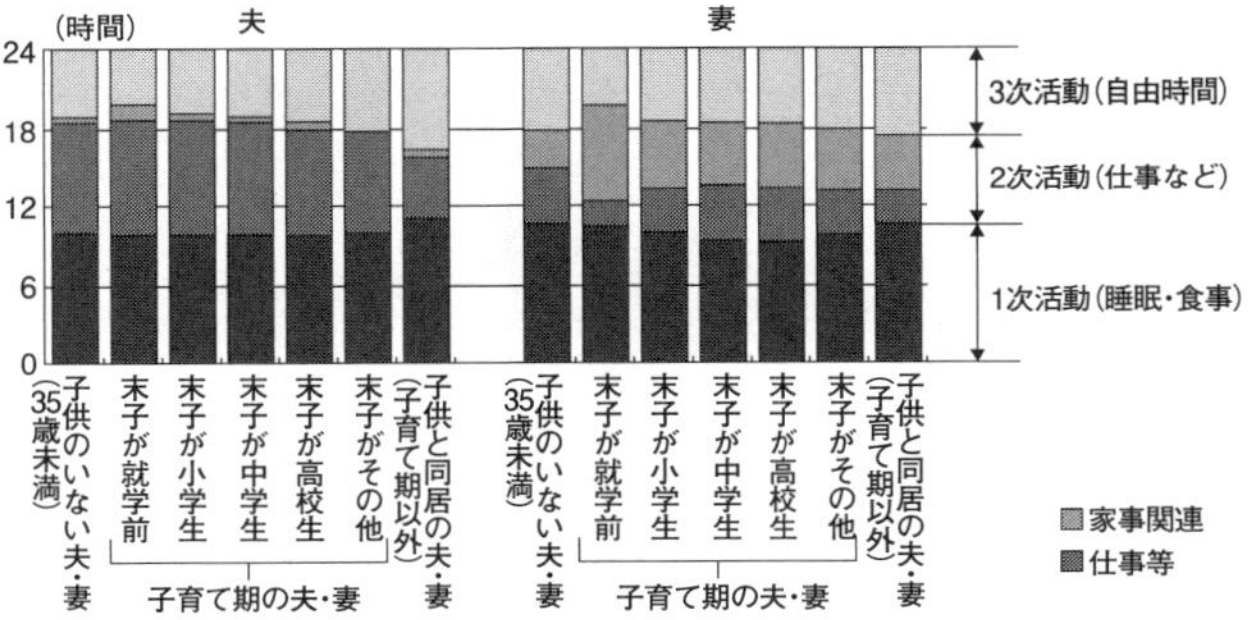


注)仕事など…通勤、通学、仕事及び学業
出典：「平成23年社会生活基本調査」

期間に過ぎないのですが、それでもこの時期は、費用や労力の負担が非常に大きいので、「子育ては大変」という意識が強くなるのです。

何にせよ言葉が通じないのでコミュニケーションが大変ですし、1人で外で遊ばせるのにも不安があるため、親が目を離せるタイミングがありません。

保育園についても、待機児童数が多く、なかなか入れない地域もあります。特に東京都では9000人近くの待機児童がいます（次ページ図表3−3）。

この問題について見落とされがちなのは、時間とコストのトレードオフがしっか

## 図表3-3　都道府県・指定都市・中核市別の待機児童数・集約表

| | 都道府県 | 保育所等数（か所） | 定員（人） | 利用児童数（人） | 待機児童数（人） | （参考）地方単独保育施策（人） |
|---|---|---|---|---|---|---|
| 1 | 北海道 | 640 | 43,018 | 37,194 | 39 | 2 |
| 2 | 青森県 | 327 | 23,150 | 20,543 | 0 | 0 |
| 3 | 岩手県 | 347 | 24,251 | 22,241 | 178 | 0 |
| 4 | 宮城県 | 338 | 21,878 | 20,554 | 558 | 25 |
| 5 | 秋田県 | 224 | 19,808 | 16,761 | 41 | 3 |
| 6 | 山形県 | 348 | 26,662 | 24,954 | 67 | 55 |
| 7 | 福島県 | 297 | 21,991 | 20,267 | 527 | 0 |
| 8 | 茨城県 | 691 | 60,040 | 53,643 | 516 | 115 |
| 9 | 栃木県 | 384 | 32,360 | 27,596 | 131 | 0 |
| 10 | 群馬県 | 316 | 30,637 | 29,144 | 2 | 0 |
| 11 | 埼玉県 | 1,250 | 87,241 | 84,132 | 1,151 | 254 |
| 12 | 千葉県 | 867 | 70,661 | 65,928 | 1,658 | 287 |
| 13 | 東京都 | 3,405 | 250,771 | 242,268 | 8,479 | 11,120 |
| 14 | 神奈川県 | 522 | 40,387 | 40,189 | 742 | 180 |
| 15 | 新潟県 | 525 | 47,439 | 39,506 | 0 | 0 |
| 16 | 富山県 | 209 | 20,713 | 17,785 | 0 | 0 |
| 17 | 石川県 | 250 | 26,454 | 22,336 | 0 | 0 |
| 18 | 福井県 | 285 | 28,000 | 25,288 | 0 | 0 |
| 19 | 山梨県 | 258 | 25,285 | 20,471 | 0 | 13 |
| 20 | 長野県 | 501 | 52,742 | 42,590 | 0 | 0 |
| 21 | 岐阜県 | 401 | 40,985 | 33,181 | 2 | 25 |
| 22 | 静岡県 | 481 | 38,313 | 36,420 | 248 | 134 |
| 23 | 愛知県 | 854 | 103,323 | 84,225 | 185 | 234 |
| 24 | 三重県 | 451 | 44,726 | 39,206 | 100 | 0 |
| 25 | 滋賀県 | 271 | 25,777 | 24,701 | 356 | 0 |
| 26 | 京都府 | 249 | 28,095 | 25,966 | 227 | 30 |
| 27 | 大阪府 | 725 | 68,759 | 68,737 | 598 | 86 |
| 28 | 兵庫県 | 568 | 48,872 | 48,336 | 943 | 239 |
| 29 | 奈良県 | 177 | 20,556 | 18,792 | 124 | 0 |
| 30 | 和歌山県 | 149 | 16,326 | 13,609 | 6 | 0 |
| 31 | 鳥取県 | 212 | 19,065 | 17,642 | 0 | 0 |
| 32 | 島根県 | 309 | 22,957 | 22,099 | 119 | 2 |
| 33 | 岡山県 | 218 | 18,423 | 17,335 | 13 | 37 |
| 34 | 広島県 | 297 | 24,680 | 20,409 | 93 | 147 |
| 35 | 山口県 | 298 | 22,653 | 20,377 | 100 | 26 |
| 36 | 徳島県 | 215 | 17,602 | 15,686 | 94 | 0 |
| 37 | 香川県 | 145 | 13,670 | 12,314 | 3 | 0 |
| 38 | 愛媛県 | 275 | 20,792 | 18,058 | 9 | 0 |
| 39 | 高知県 | 183 | 14,462 | 10,279 | 0 | 1 |
| 40 | 福岡県 | 575 | 55,465 | 54,302 | 1,149 | 0 |
| 41 | 佐賀県 | 301 | 25,497 | 23,835 | 34 | 0 |
| 42 | 長崎県 | 326 | 21,227 | 20,534 | 114 | 55 |
| 43 | 熊本県 | 492 | 36,969 | 35,041 | 275 | 10 |
| 44 | 大分県 | 250 | 16,786 | 15,620 | 42 | 0 |
| 45 | 宮崎県 | 330 | 23,277 | 20,988 | 8 | 0 |
| 46 | 鹿児島県 | 445 | 28,235 | 28,405 | 102 | 0 |
| 47 | 沖縄県 | 504 | 39,764 | 39,573 | 2,047 | 15 |
| 都道府県計 | | 21,685 | 1,810,744 | 1,659,060 | 21,080 | 13,095 |

注1:都道府県の数値には指定都市・中核市は含まず
注2:保育所等数:保育所、幼保連携型認定こども園、幼稚園型認定こども園、地方裁量型認定こども園、小規模保育事業、家庭的保育事業、事業所内保育事業、居宅訪問型保育事業
注3:(参考)地方単独保育施策は、保育所の入所申込が提出され入所要件に該当しているが、地方公共団体の単独保育施策に入所しているため待機児童に含まれない児童数

| | 指定都市<br>中核市 | 保育所等数（か所） | 定員（人） | 利用児童数（人） | 待機児童数（人） | （参考）地方単独保育施策（人） |
|---|---|---|---|---|---|---|
| 48 | 札幌市 | 397 | 28,539 | 28,344 | 7 | 0 |
| 49 | 仙台市 | 331 | 18,457 | 18,566 | 232 | 77 |
| 50 | さいたま市 | 303 | 19,388 | 19,253 | 0 | 429 |
| 51 | 千葉市 | 231 | 15,258 | 15,536 | 48 | 50 |
| 52 | 横浜市 | 939 | 62,182 | 61,885 | 2 | 896 |
| 53 | 川崎市 | 387 | 26,586 | 26,999 | 0 | 1,603 |
| 54 | 相模原市 | 164 | 12,641 | 11,970 | 0 | 114 |
| 55 | 新潟市 | 251 | 22,187 | 21,831 | 2 | 0 |
| 56 | 静岡市 | 170 | 13,646 | 12,528 | 40 | 15 |
| 57 | 浜松市 | 148 | 13,828 | 12,131 | 168 | 111 |
| 58 | 名古屋市 | 584 | 46,303 | 44,388 | 0 | 0 |
| 59 | 京都市 | 381 | 30,189 | 31,101 | 0 | 0 |
| 60 | 大阪市 | 611 | 58,600 | 50,062 | 325 | 0 |
| 61 | 堺市 | 163 | 16,993 | 16,970 | 31 | 3 |
| 62 | 神戸市 | 387 | 26,250 | 26,605 | 93 | 0 |
| 63 | 岡山市 | 147 | 17,435 | 15,593 | 849 | 0 |
| 64 | 広島市 | 249 | 27,490 | 26,207 | 93 | 0 |
| 65 | 北九州市 | 223 | 17,753 | 16,736 | 0 | 0 |
| 66 | 福岡市 | 347 | 35,379 | 35,400 | 89 | 0 |
| 67 | 熊本市 | 246 | 19,966 | 20,389 | 9 | 0 |
| 指定都市計 | | 6,659 | 529,070 | 512,494 | 1,979 | 3,298 |
| 68 | 旭川市 | 88 | 5,541 | 5,649 | 19 | 15 |
| 69 | 函館市 | 56 | 3,758 | 3,411 | 0 | 0 |
| 70 | 青森市 | 101 | 6,923 | 6,660 | 0 | 0 |
| 71 | 八戸市 | 77 | 5,903 | 5,491 | 0 | 0 |
| 72 | 盛岡市 | 84 | 6,715 | 6,558 | 0 | 0 |
| 73 | 秋田市 | 92 | 6,871 | 6,555 | 0 | 0 |
| 74 | 郡山市 | 57 | 3,871 | 3,958 | 64 | 0 |
| 75 | いわき市 | 67 | 6,080 | 5,515 | 25 | 0 |
| 76 | 宇都宮市 | 131 | 9,768 | 9,759 | 0 | 0 |
| 77 | 前橋市 | 82 | 7,624 | 6,999 | 0 | 0 |
| 78 | 高崎市 | 90 | 8,373 | 8,120 | 0 | 0 |
| 79 | 川越市 | 71 | 4,630 | 4,525 | 64 | 24 |
| 80 | 越谷市 | 84 | 5,020 | 4,975 | 43 | 7 |
| 81 | 船橋市 | 127 | 12,169 | 11,318 | 81 | 66 |
| 82 | 柏市 | 72 | 6,722 | 6,794 | 0 | 19 |
| 83 | 八王子市 | 131 | 11,184 | 11,296 | 107 | 41 |
| 84 | 横須賀市 | 60 | 4,308 | 4,154 | 12 | 0 |
| 85 | 富山市 | 99 | 11,909 | 10,489 | 0 | 0 |
| 86 | 金沢市 | 118 | 12,152 | 12,452 | 0 | 0 |
| 87 | 長野市 | 90 | 9,235 | 8,433 | 0 | 0 |
| 88 | 岐阜市 | 62 | 5,808 | 5,545 | 0 | 0 |
| 89 | 豊橋市 | 59 | 9,525 | 8,606 | 0 | 0 |
| 90 | 豊田市 | 77 | 11,438 | 6,846 | 0 | 3 |
| 91 | 岡崎市 | 56 | 8,090 | 7,456 | 0 | 0 |
| 92 | 大津市 | 96 | 7,591 | 7,795 | 0 | 0 |
| 93 | 高槻市 | 79 | 5,889 | 6,143 | 0 | 56 |
| 94 | 東大阪市 | 96 | 8,267 | 8,480 | 106 | 0 |
| 95 | 豊中市 | 94 | 6,724 | 6,745 | 121 | 68 |
| 96 | 枚方市 | 69 | 7,061 | 7,618 | 9 | 0 |
| 97 | 姫路市 | 107 | 11,733 | 11,286 | 126 | 0 |
| 98 | 西宮市 | 126 | 6,683 | 7,293 | 323 | 0 |
| 99 | 尼崎市 | 112 | 7,471 | 7,582 | 87 | 0 |
| 100 | 奈良市 | 57 | 6,418 | 5,758 | 163 | 0 |
| 101 | 和歌山市 | 61 | 7,875 | 6,910 | 23 | 0 |
| 102 | 倉敷市 | 114 | 11,483 | 11,104 | 186 | 0 |
| 103 | 呉市 | 56 | 4,393 | 4,160 | 0 | 5 |
| 104 | 福山市 | 130 | 13,139 | 12,340 | 0 | 0 |
| 105 | 下関市 | 63 | 5,807 | 5,283 | 0 | 0 |
| 106 | 高松市 | 93 | 10,129 | 9,280 | 224 | 2 |
| 107 | 松山市 | 109 | 7,835 | 7,142 | 88 | 0 |
| 108 | 高知市 | 120 | 13,158 | 10,474 | 73 | 1 |
| 109 | 久留米市 | 84 | 8,964 | 8,862 | 59 | 44 |
| 110 | 長崎市 | 123 | 10,053 | 9,692 | 76 | 0 |
| 111 | 佐世保市 | 97 | 6,755 | 6,494 | 0 | 0 |
| 112 | 大分市 | 115 | 9,421 | 9,277 | 463 | 0 |
| 113 | 宮崎市 | 150 | 11,831 | 11,729 | 28 | 0 |
| 114 | 鹿児島市 | 149 | 12,634 | 12,578 | 252 | 0 |
| 115 | 那覇市 | 118 | 10,493 | 9,526 | 200 | 0 |
| 中核市計 | | 4,449 | 395,424 | 375,115 | 3,022 | 351 |
| 合計 | | 32,793 | 2,735,238 | 2,546,669 | 26,081 | 16,744 |

出典:厚生労働省「保育所等関連状況取りまとめ」

(平成29年4月1日現在)

## 図表3-4　性、年齢階級別賃金

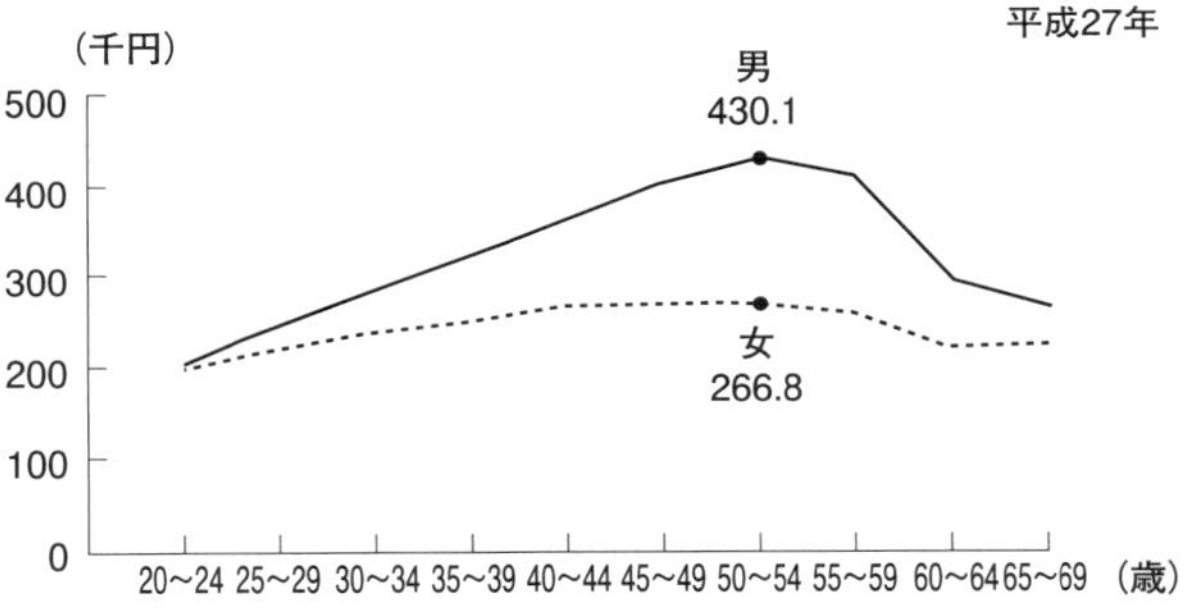


注:線上の●印は賃金のピークを示す

出典:厚生労働省「平成27 年度賃金構造基本統計調査」

りついていないことでしょう。

子育てには時間がかかります。子どもが生まれるとそこから6歳になるまでの6年間を、人生の時間の中から犠牲にすることになるのです。若いうちにキャリアを積んだり、自由に生活する時間とのトレードオフを考えたとき、子育てに6年間もの時間を費やすのが本当にベストな選択なのか。そう考えて躊躇する若い人もいるのではないかと思います。

加えて費用の問題もあります。世帯所得を世代別に見ると20代（29歳以下）が平均343・5万円、30代が562・3万円程度[*9]と、若い夫婦の世帯ほど所得が少ない傾向にあるため、ますます未就学児の子育てのハードルが高くなっています。日本の賃金制度は、子どもの教育費が一番かかる大学入学の時期に給料が高くなるように設計されています（前ページ図表3-4）。2017年人口動態調査によると、第一子が誕生したときの父親の平均年齢は32・8歳であり、父親が50代前半になったときに、子どもが大学に入る計算になります。

しかし、最も負担の大きい6歳までの育児に携わる20代・30代の両親は、時間的・金銭的サポートが一切ないまま、仕事を犠牲にしなければなりません。時間の面でもお金の面でも、最初にかかるコストが高過ぎるせいで、子育てがしにくくなっている部分は間違いなくあると思います。

この問題の解決のためには、本章の前半で論じたような人材活用とコミュニティの再構築によって子育ての時間を削減しつつ、特に子どもが生まれてからの6年間で親に過大な負担がかからないよう、行政・企業からのサポートを充実させることが重要になってくると思います。

## 図表3-5(参考)　子どもの学習費総額

| | |
|---|---|
| 公立幼稚園　23万4千円 | 私立幼稚園　48万2千円 |
| 公立小学校　32万2千円 | 市立小学校　152万8千円 |
| 公立中学校　47万9千円 | 市立中学校　132万7千円 |
| 公立高等学校(全日制)45万1千円 | 私立高等学校(全日制)104万円 |

※学習費総額＝学校教育費＋給食費＋学校外活動費(塾・習い事など)
出典:文部科学省「平成28年度子供の学習費調査の結果について」

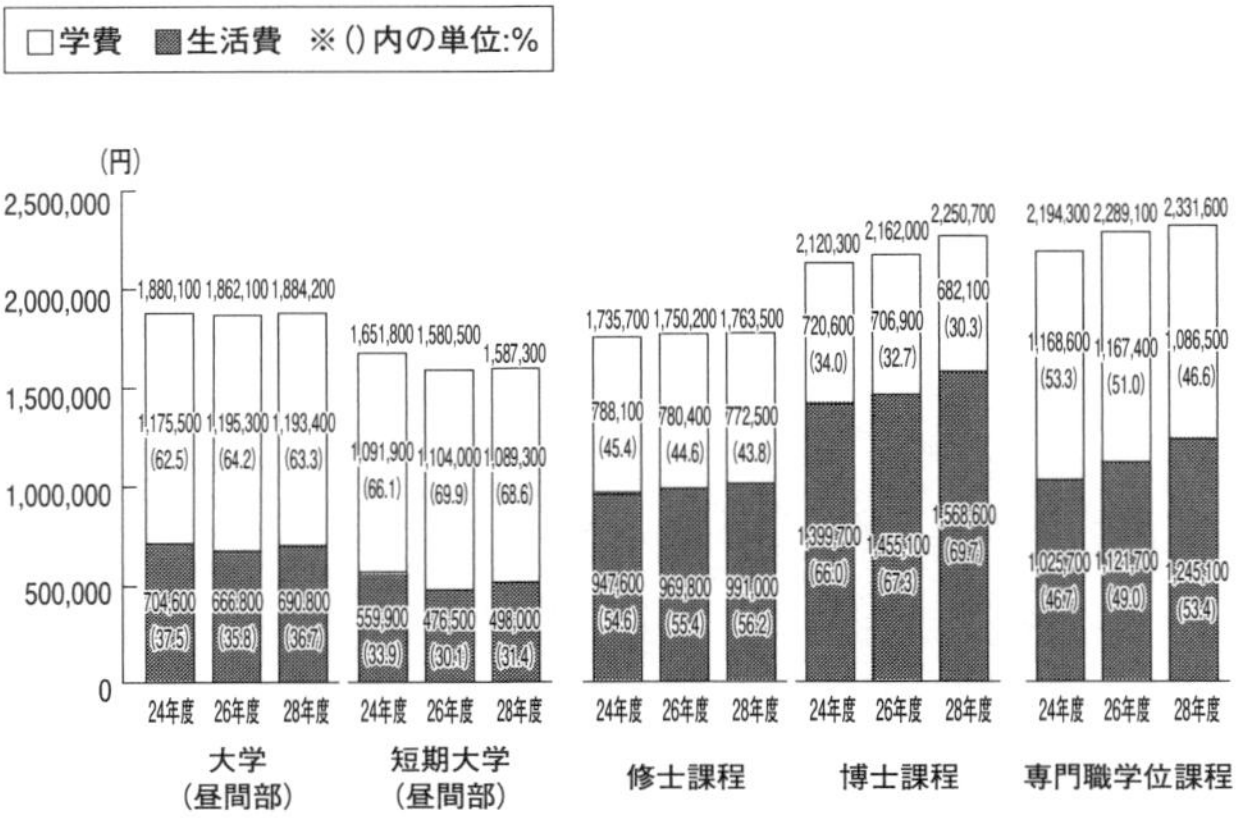


出典:日本学生支援機構「平成28年度学生生活調査」

## ［子育てテーブルの議論のまとめ］

地域全体で子育てをサポートしようとするとき、「アウトリーチ」の拡大が必須となります。アウトリーチとは、地域住民の困り事を拾い上げ関心を高めてもらう活動のことです。アウトリーチが拡大すれば、相互扶助的な地域コミュニティが形成されていきます。困ったときだけ手を差し伸べるのではなく、ゆるやかなつながりを保ちながら、全員で相互扶助的にケアし合うことが求められるのです。

実は、困っている人と、困っている人を助けたいと思っている人は、それぞれ十分な数が存在していることがデータから明らかになっています。

たとえば、関西圏で子どもや若者を支援する活動をしてきた複数のＮＰＯ団体等が連携し、子どもの育ちと学びを支援する「コレクティブ・フォー・チルドレン」というネットワークはその一例です。経済的困難を抱える家庭の子どもに、塾や習い事に通う際に現金の代わりに使用できるクーポンを配布するといった活動を行なっています。

ちなみに法律上では、地方自治体であっても、然るべき手続きを踏めばＮＰＯに住民の情報を引き渡すことができます。[*10] 相互扶助的なコミュニティやシステムを実際につくり上げるための素地は、十分に整っているのです。

子育てに困っている人のデータを意欲のあるNPO団体にスムーズに引き渡す際には、手続きの雛形を整備することが必要になります。その雛形を、コミュニティを支えるシステムに実装し、少ない労力で引き渡しが行なえるようにすれば、NPO側のみならず行政側のチェックコストも減らせます。実例として、システム導入や現場のデジタル化の支援をサポートするコード・フォー・ジャパンのような団体の力を借りることも有効です。[*11]

また、テキサス州メイナー市が2009年に立ち上げた「メイナー・ラボ」事業のように、市民の地域貢献への礼金として地域通貨「イノバック」を発行し、市民にインセンティブを与えて自主的な公共課題解決を推進するユニークな取り組みもあります。ボランティア精神に頼るのではなく、個々人の貢献度を可視化し、貢献度に応じたコミュニティコインを付与するなど、報酬体系の整備も必要となってくるでしょう。

これからの時代、「子育ては親の仕事」ではありません。地域社会全体で子育てできる、デジタルベースの新しい〝町内会〟的コミュニティをつくっていくことが必要となるのです。そうしたコミュニティは、実際に出現しはじめています。

オンラインサロン「箕輪編集室」[*12]はその一例。下は高校生から上は60歳まで、困ったときは、Facebookに投稿して助け合っているそうです。

こうしたテクノロジーに支えられた相互扶助的なコミュニティを整備していくのが、今後の子育て問題解決のカギとなるでしょう。

**〈子育てテーブル〉** ★はリーダー

★世界経済フォーラム第四次産業革命日本センター長　須賀千鶴氏
・READYFOR株式会社代表取締役CEO　米良はるか氏
・一般社団法人RCF代表理事　藤沢烈氏
・アクセンチュア株式会社戦略コンサルティング本部及びオープンイノベーションイニシアチブ　シニアプリンシパル　久池井淳氏
・幻冬舎　箕輪編集室代表　箕輪厚介氏
・サイボウズ株式会社代表取締役社長兼チームワーク総研所長　青野慶久氏
・一般社団法人コード・フォー・ジャパン代表理事　関治之氏

＊1 AERA.dot「結愛ちゃん虐待死『ひどい親』と批判しても事件は減らない『評価』に追い詰められる親たち」https://dot.asahi.com/dot/2018060800027.html?page=3

＊2 経済産業省次官・若手プロジェクト「不安な個人、立ちすくむ国家」

＊3 生活保護を受けるレベルではないが、その人が暮らしている社会の普通の生活水準と比較して下回っている状態のこと。現在の日本では約6人に1人の子どもが該当するといわれる。――厚生労働省「相対的貧困率等に関する調査分析結果について」

＊4「こども宅食―子どもの貧困問題に対する新たな解決策―」https://kodomo-takushoku.jp/

＊5『制服少女たちの選択』（宮台真司著　講談社「2章　団塊の親たちの無残な失敗」）「地域・会社という共同体が崩れて父親の確かさがなくなり、こうしたアノミー状況（どうしていいかわからかない状態）を埋め合わせるモデルとして70年代半ばから『友達夫婦』『友達親子』のニューファミリー幻想が登場する」という記述がある

＊6 レイヤー構造とは、この場では家族一人ひとりが別々のコミュニティに属し、それぞれのレイヤーでつながりを維持していたことを表現している

＊7 株式会社キッズラインが運営する同名サービス。従来のシッター料金と比べて大幅にリーズナブルかつ、シッター情報の透明化を徹底していることが特徴

＊8 マイナビニュース「『日本は子育てしにくい国』71％――男性や企業の理解が低いとの声も（マイナビニュース調べ）」https://news.mynavi.jp/article/20140411-a266/

＊9 厚生労働省「平成28年国民生活基礎調査の概況」

＊10 協働する事業が、委託金・補助金・分担金等いずれの形態による事業であろうと、協働する目的・経緯・内容・プロセス・経費の使途等々の情報を公開しなければならない。――日本NPOセンター「行政と協働するNPOの8つの姿勢」

＊11 市民が街の課題を解決できる技術を身につけるための支援や、自治体への民間人材派遣事業などに取り組む非営利団体。

＊12「最強のクリエイティブチーム」を名乗り、ライティングや映像、イベントなどのコンテンツ制作からマーケティングやプロモーションまでを手がける。２０１８年6月15日時点で登録会員数 １２００人超。――「箕輪編集室」

## [ グラフィックレコーディング「子育て」編 ]

デジタルベースの新しい“町内会”や、データの連携を駆使した
相互扶助的なコミュニティが、子育て問題のカギ

**親の責任にするのではない解決の仕方を探したい**

**困っている人を“プッシュ”で見つける仕組みをつくる**

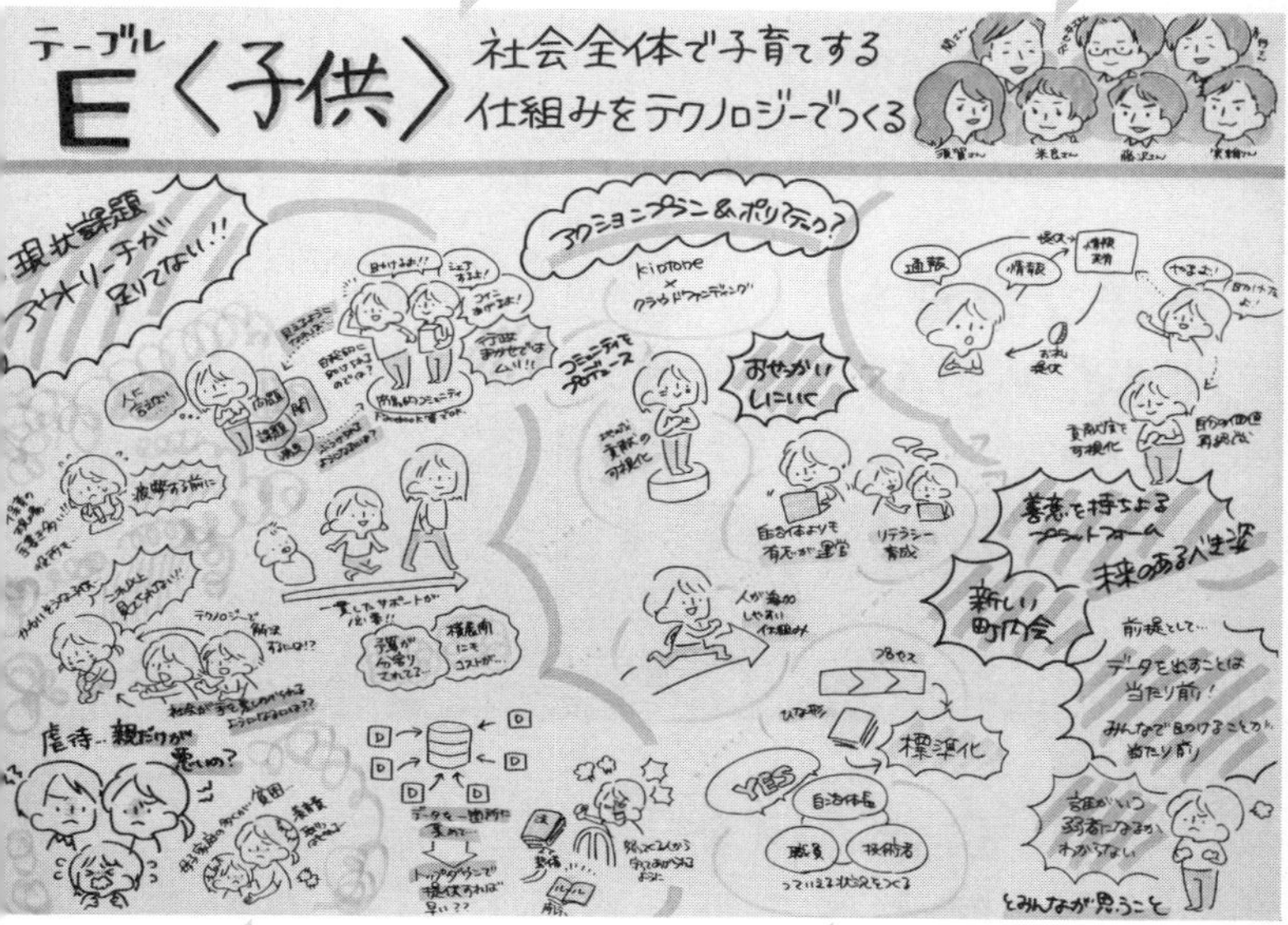


**何かあったときに介入するのではなく「コミュニティ」で支え合っていく**

**データ連携をして困っている人と助けたい人をマッチングする**

（※議論の動画はこちら。http://live.nicovideo.jp/watch/lv314659895）

学校の中で教育が
完結するということは、
その中のリソースでしか
教育が施せないということ

多様な教育を
するためのAI

自分で何を
学ぶべきかわからない人でも、
他者から教えてもらって
初めて気づくことがあります

多分本当に頭がいい人は
脱落していっている

# 第4章

# 今の教育は、生きていくために大事なことを教えているか？

## 「詰め込み型教育」と「多様性」を 共存させる

教える側を
どうやって教育するか

## 【教育についての議論をはじめる前に】

教育にまつわる論点は数え切れないほどありますが、その中でも特に真剣に考えてほしいのは、「今の教育で教えられていることは、生きていくために本当に役立つのだろうか？」ということです。

今の日本の教育は、基本的には何十年も前につくられたカリキュラムに則って行なわれています。１９４７年に制定された教育基本法・学校教育法で定められている、義務教育９年（小学校６年、中学校３年）の枠組みを基調に[*1]、１９８０年代から１９９０年代にかけて見直しが行なわれたものが現状の教育カリキュラムであり[*2]、それは生徒全員が同じ科目を同じペースで勉強することを前提とした画一的なものです。

いまや時代は大きく移り変わりました。個人の考え方やライフスタイルがバラバラになっていくこれからの社会では、各々理解の進捗が異なる30〜40人の生徒全員に同じ指導を行なう学習スタイルは、あまりに効率が悪いと思います。これからは、全員が同じペースで同じ内容を勉強するのではなく、各々が自分にとって大切なことを自分のペースで学んでいくスタイルが求められるようになるでしょう。

海外では、インターネットを利用して生徒が学びたいテーマを自由に学べる環境が整ってきています。オンライン上で自分の好きな講座を受講できる「カーンアカデミー」などのサービスがその好例です。テクノロジーを活用した「アダプティブ・ラーニング（個々の生徒の状況に合わせて学習を提供すること）」によって、個々人に最適化された学習が可能な時代になってきているのです。

今の日本は、人口の多い高齢者層のための政策ばかりが行なわれ、未来を担う若者へのサポートが軽視される「シルバー民主主義」の時代だといわれています。しかし、若者たちに十分な教育のサポートを提供しないと、彼ら・彼女らは、10年後、20年後に社会をよりよい方向へと導いていく力を身につけることができません。未来のために、これからの時代に活躍できる力を子どもたちに獲得させることが、今の教育に求められているはずです。

本章では、「生きていくために大事なこと」を身につけるための教育はいかにして実現可能かを考えていきましょう。

（Ｔｅｘｔ ｂｙ編集部）

OCHIAI'S OPINION

# 日本の教育に「多様性」を

落合 陽一

今の日本の高等教育は、決してうまくいっているとはいえない状況にあります。「THE 世界大学ランキング」は、世界中の教育機関が学生数から教育環境、研究分野から産業収入に至るまであらゆる観点から順位づけされるランキングですが、その最新の発表によると、日本の大学は最上位の東京大学ですら42位。それ以外で100位以内にランクインしているのは65位の京都大学だけという状況でした（図表4-1）。

高等教育に関しては、日本はこのデータを基にすれば先進国とはいえないかもしれません。研究開発や人材育成を担う高等教育がうまくいっていないということは、日本の未来が危ういということでもあります。この状況は何としてでも打破していかなければいけません。

現在の日本の高等教育は、標準的な知識を効率的に詰め込むという点では世界でも

## 図表4-1　2019年THE世界大学ランキング（上位10校＋日本）

| | 大学名 |
|---|---|
| 1位 | オックスフォード大学（英国） |
| 2位 | ケンブリッジ大学（英国） |
| 3位 | スタンフォード大学（米国） |
| 4位 | マサチューセッツ工科大学（米国） |
| 5位 | カリフォルニア工科大学（米国） |
| 6位 | ハーバード大学（米国） |
| 7位 | プリンストン大学（米国） |
| 8位 | イェール大学（米国） |
| 9位 | インペリアル・カレッジ・ロンドン（英国） |
| 10位 | シカゴ大学（米国） |
| 42位 | 東京大学（日本） |
| 65位 | 京都大学（日本） |

出典：World University Ranking 2019（Times Higher Education〈THE〉）

トップクラスです。義務教育修了段階の15歳児の知識や技能を、実生活の様々な場面で直面する課題にどの程度活用できるかを評価する「OECD生徒の学習到達度調査（PISA）」では、安定して上位を獲得しており、2015年に実施された最新のPISAでは「数学的リテラシー」「科学的リテラシー」の項目で1位を獲得しています（次ページ図表4-2）。

しかし、いくら15歳時点での能力が高くても、グローバルに通用するクリエイティビティと多様性を備えた人材を輩出できている状況だとは到底いえません。それは「THE世界大学ランキング」の結果からも明らかでしょう。

## 図表4-2　OECD加盟国（35か国）における学習到達度比較

| | 科学的リテラシー | 平均得点 | 読解力 | 平均得点 | 数学的リテラシー | 平均得点 |
|---|---|---|---|---|---|---|
| 1 | 日本 | 538 | カナダ | 527 | 日本 | 532 |
| 2 | エストニア | 534 | フィンランド | 526 | 韓国 | 524 |
| 3 | フィンランド | 531 | アイルランド | 521 | スイス | 521 |
| 4 | カナダ | 528 | エストニア | 519 | エストニア | 520 |
| 5 | 韓国 | 516 | 韓国 | 517 | カナダ | 516 |
| 6 | ニュージーランド | 513 | 日本 | 516 | オランダ | 512 |
| 7 | スロベニア | 513 | ノルウェー | 513 | デンマーク | 511 |
| 8 | オーストラリア | 510 | ニュージーランド | 509 | フィンランド | 511 |
| 9 | イギリス | 509 | ドイツ | 509 | スロベニア | 510 |
| 10 | ドイツ | 509 | ポーランド | 506 | ベルギー | 507 |
| 11 | オランダ | 509 | スロベニア | 505 | ドイツ | 506 |
| 12 | スイス | 506 | オランダ | 503 | ポーランド | 504 |
| 13 | アイルランド | 503 | オーストラリア | 503 | アイルランド | 504 |
| 14 | ベルギー | 502 | スウェーデン | 500 | ノルウェー | 502 |
| 15 | デンマーク | 502 | デンマーク | 500 | オーストリア | 497 |
| | OECD平均 | 493 | OECD平均 | 493 | OECD平均 | 490 |
| | 信頼区間※（日本）:533-544 | | 信頼区間（日本）:510-522 | | 信頼区間（日本）:527-538 | |

出典:OECD「生徒の学習到達度調査（PISA2015）」

どうすれば日本の高等教育はよい方向に向かうのでしょうか。

僕は、日本の教育改革のための重要な指針は、教育の目的を「標準化」から「多様化」にシフトさせることだと考えています。

### 「Ph.D的な学習」と「詰め込み型の学習」

これからの「教育」に求められるのは、どのような学び方でしょうか。

まず挙げられるのは、「人生100年時代」に必要といわれている「リカレント教育」です。これは主に社会人の学び直しと、キャリアの促進・転換を促すための教育と位置づけられています。

もうひとつは、いわゆるＰｈ．Ｄ（博士学位）の教育です。Ｐｈ．Ｄ教育のスタイルは、過去に事例のない問題を自ら設定し、その解決を考えていくようなスタイルです。つまり、誰かから「これを学びなさい」と言われて学ぶのではなく、「自分は今、何を学ばなければならないのか」を客観的に考えながら問題を解いていきます。このような姿勢が求められる教育は、主に大学院の博士課程で行なわれていますが、それを社会全体に広げていくことを考えています。

今の学校教育は、学習すべき内容が一方的に与えられ、それに疑問を抱くことなく勉強することが良しとされています。しかし、将来的に多様な人材を育てていくために、こうしたやり方を少しずつ転換していくべきでしょう。

ただし、その度合いは「少しずつ」で構いません。あまりに急激な転換だと、カリキュラムで習得すべき基礎的な教養が抜け落ちてしまいます。たとえば、今の学習指導要領では小学校2年時に掛け算の九九をすべて覚えますが、そのこと自体は僕は非常に大切だと思っています。ＰＩＳＡで測られる基礎的な読み書き、計算のスキルは、ものを考えていくうえでの基盤になるからです。

それでは、「Ph.D的な学習」と「詰め込み型の学習」を両立させるにはどうすればいいのでしょうか。

現状でベストなのは、大学入試が終わった瞬間に、それまでやってきた勉強についての価値観をすべて忘れてしまうことです。つまり「学び方」のアンラーニングが必要になる。もちろん、暗記した九九や方程式はすべて正しいし、「枕草子」を暗唱できることが後に役に立つこともあるでしょう。それでも、与えられた問題の答えを導き出せればそれでよかった大学入試までの勉強のスタイルは、すべて間違いだったとアナウンスすることが最善ではないかと思うのです。もちろん、この方法論は対処療法的であることは否めません。

アンラーニングを経ることで、「あらゆる前提は偽の可能性がある」という、懐疑的な思考に基づいたマインドセットを身につけることができます。僕自身、そうした考えが常に頭の片隅にある子どもで、たとえば「なぜ授業では出席をとるのか」「なぜ上履きを履くのか」といったことを、真面目に考えたりすることもありました。

たしかに詰め込み型の教育は効率がいいのですが、その代償として、柔軟に物事を考えるために必要な能力が欠けてしまいます。

「人生100年時代」といわれる時代、生き方のキャリアプランはより多様なものになっていくでしょう。その中で、「自ら問題を設定し、その解決を考えていく」という方向への教育のアップデートが求められていると、僕は考えています。

## 国内大学のライバルはオンライン教育になる

日本の大学がそうした役割を果たそうとするとき、最大のライバルはオンライン教育となるでしょう。

「MOOC」（マッシブ・オープン・オンライン・コース）は、一流大学の人気講師の授業をオンラインで受けられるサービスです（次ページ図表4-3）。スタンフォード大学教授が設立した「Coursera（コーセラ）」、マサチューセッツ工科大学とハーバード大学が設立した「edX（エデックス）」などがその代表格で、両サー

## 図表4-3 世界のMOOC

**●Coursera**

参加大学：スタンフォード大学、ミシガン大学、プリンストン大学、イェール大学、シカゴ大学、東京大学

**●edX**

参加大学：ハーバード大学、MIT（マサチューセッツ工科大学）、カリフォルニア大学バークレー校、香港理工大学、東京大学、京都大学

**●Udacity**

Google、amazon、Facebook、AT&Tなどの企業が参加

ビスへの登録者数合計は全世界で3000万人以上に達しています。

「THE世界大学ランキング2019」の上位10大学は、すべてMOOCを開講しています。日本の大学もMOOCに参加しており、東京大学は2013年9月よりコーセラで2コースの提供を開始し、2018年4月現在、14コース（コーセラ7コース、エデックス7コース）を提供しています。

民間でも似たような取り組みがはじまっています。「オンラインサロン」は、特定の分野の専門家が、持っている知識やスキルを活かして、Webを中心にファンの人たちと交流し、ともに学び合うコミュニテ

ィです。業界につながりのない一般人でも、専門家に直接会ってディスカッションをしたり、オンライン上で交流できるのが魅力です。

普通の大学のように全員が一度に学べる講義形式と、テーマごとに個別にアドバイスをもらえるマンツーマン形式の両方が実現されています。オンラインサロンを開設できるサービスとしては、合同会社DMM.comが運営する「DMMオンラインサロン」、株式会社CAMPFIREが運営する「CAMPFIREファンクラブ」などが有名です。

「MOOCがあれば、オンラインサロンは要らないのでは?」と思う方もいるかもしれませんが、オンラインサロンはMOOCにはない強みを持っています。まず、サロンのオーナーである著名人に直接会ってアドバイスをもらえること。また、メンバーが自発的に動いて関わり方を決められるので、画一的な一対多の講義形式にはない多様性が生まれます。

いまや線形代数やC言語や確率・統計といった標準化された基礎的なスキルは、どこでも学べます。大学としても、これまでは客員教授を雇うなどして差別化をはかってきましたが、今ではオンラインサロンで直接、著名人に教えを請うほうが、大学に雇われた客員教授の授業を受けるよりもはるかに学習効率が高いでしょう。「大学に行かないと会えない人」から「大学に行かないと身につけられない知識」を学べることが大学の特権だったのに、それをオンラインサロンで代替できる時代になっています。客員教授のラインナップで人気を稼いでいたような大学にとっては危機的な状況だといわざるをえないでしょう。

本人の努力による成果が大きいですが、僕のオンラインサロンのメンバーには、IT分野の若い人材の発掘・育成を行なうプロジェクト「未踏ジュニア」や、ICT分野でイノベーションの創発を支援する「異能vation」の選考に進む人が出てきています。学び直しの時代に、大学の研究室より確実性は低くても、ゆるやかにコミットメントすることで、少しずつ教育的成果を出していける学びのコミュニティがあってもいいのではないでしょうか。

もちろん、大学にしか果たせない役割はいまだ膨大です。たとえば基礎研究がそのひとつです。企業のR&D部門などで行なわれている開発研究は、具体的な用途を想定せず純粋に新しい知識を得るための基礎研究があってはじめて成り立ちます。国から年間1兆円規模の莫大な予算を与えられ行なわれている基礎研究を、現状のオンライン教育が代替するのは難しいでしょう。しかし、コミュニケーションツールの発展で学び方が多様化するのは、確実にいえることなのではないでしょうか。

## 多様な教育機関を活用するこれからの学び方

こういった多様な教育機関の、それぞれの強みと弱みを把握したうえで、同時並行的に活用することが、これからの学びでは重要になってきます。

もちろん、これまで通り大学による人材育成も大事です。MITもスタンフォード大学も、人材の価値を最重視してその育成に力を入れています。人材はお金をかければ伸びるのは間違いありません。そこは国がサポートしながらしっかりやっていくべきだと思います。

特に「ＡＩ＋ＶＣ」的な生き方を選ぶ人たちは、オンラインの学びだけでは不十分なので、大学院への進学を見据えた進路選択をする必要があるでしょう。また、アメリカで起業することを考えたときも、Ｐｈ．Ｄを持っているかどうかの違いは、やはり大きいと思います。その一方で、専門分野以外のことについて一通り押さえておきたいという場合は、オンライン教育で十分だと思います。また、そこそこよい仕事に就いて定期的にお金をもらえればいい「ＡＩ＋ＢＩ」的な生き方を選ぶ人も、オンライン教育で基本について学んでおけば十分でしょう。

## 美学に基づいた価値を追求する人材を生み出す

今、大学は自らが果たすべき役割を考え直す時期にきていると思います。ＭＯＯＣやオンラインサロンといった新たな教育の形が現れはじめた現在だからこそ、既存の価値観にとらわれずに最適解を探っていく必要があります。

少し個人的な話をすると、僕は誰かに褒められたりけなされたりしても特に落ち込んだりはしません。なぜなら、小学校から高校にかけて刷り込まれる、他人の基準に合わせて物事を判断する近代教育的な価値観から抜け出すことができたからです。

テストでよい点数を取ったり、駆けっこで1等賞になることに価値があると教え込むのが、高校生までの教育です。それに対して、画一的な価値観を意に介さず、評価基準を自分でつくり、自分で「美しい」と認めるものを追求するのがアカデミズムの世界です。それはもはや美学の領域であり、個人的な美学を追究している以上、他人にどう思われようが気にならない。これからの時代に求められるのは、こうしたアカデミズム的な人材です。

各々が美学に基づいたテーマを、画一的な価値観にとらわれずに追い求めていけるように、多様性のある教育を進めていく必要があります。

## 【教育テーブルの議論のまとめ】

現代日本の学校教育の問題点がどこにあるか考えてみると、学校が「クローズ化」していている問題が浮かび上がってきます。当然、学校の教師は教科教育のスキルには長けていますが、企業での勤務経験がない人が大半。ビジネスや政治の仕組み、また社会保障やテクノロジーといったトピックに明るい人もそう多くはありません。「今」を生き抜くためのリテラシーを持っているとは限らないのではないでしょうか。

さらに同じような教師が同じようなバックグラウンドの人たちで構成されているため、学校は非常に閉鎖的な空間になってしまっています。

この問題を解決するために、先生を「オープン化」していくことが求められます。そもそも学校は、親の教育能力にかかわらず、あらゆる子どもが一定以上のクオリティの教育を受けられるようにするための公的機関。教師は公的な「メディア」なのです。

しかし現在、教師がメディアとして生徒たちに良質な情報を伝達できているとは言い難いでしょう。工業社会を前提とした20世紀式の教育ノウハウがそのまま使われ、「社会のルールに従えるようになることが、大人になることだ」と教え、空気を読むことを何よりも重視する人材ばかりが育つ問題が指摘されます。

たとえば、音楽の授業で使用される「アルトリコーダー」。純粋な音楽的素養を身につけることが目的であれば、鍵盤楽器を習得させたほうが適切なはずです。価格面においても、現在においてはスマートフォンやタブレットの楽器アプリケーションの普及で差はないはず。それにもかかわらず、あえて汎用性の低いアルトリコーダーを必修化しています。これこそ、「意味があるかはわからないが、とりあえず真面目に従うことが立派なんだ」と教え込む近代教育の弊害を表す好例だと、評論家の宇野常寛氏は指摘します。

こうした現状を打破するためには、教師たちの多様性を広げ、子どもたちに社会の現実を清濁ともに教えていく必要があります。社会保障やテクノロジーのリテラシーから、前提部分で触れた「シルバー民主主義」の厳しい現実まで、多様な教師から多様な現実を学んでいけるような教育であるべきです。

先生をオープン化するための具体策として、川上量生氏（株式会社ドワンゴ取締役C

TO）が提案するのが「徴教師制」という仕組みの導入です。裁判員制度のように、社会で働いている人を対象に抽選をし、選ばれた人は一定期間教師を務める義務がある、という制度です。

徴教師制について川上氏は、こう話しています。

「学校というところは社会人になる準備段階として存在するものだと思います。ですが、学校と社会とが分離されすぎていて、社会に入ったときに何が起こるか、何が必要かを十分に生徒に伝え切れていません。今は先生も専門職化していて、先生自身が多様な社会を知りません。学校という社会しか知らない人が教師のほとんどです。社会とは何かを教える役割を学校の先生だけに押しつけるのには無理があるとともに無責任であり、社会全体で、もっと学校教育への積極的参加を行なうことが必要だと思います」

この制度によって、子どもたちは多様な価値観や現実に触れられるようになり、リアルな社会保障の仕組みなども学ぶ機会を得られる、というわけです。すると、今の教師は、「徴教師制」によって集められた教師を束ね、適切に配置していくファシリテーターのような役割を果たすようになっていくでしょう。

また、現在、学校教師は全国に約100万人ほどいますが、今後は、生徒のみならず教師たちに新たなスキルやリテラシーを身につけてもらうための場を整備することも有効でしょう。

そしてもちろん、子どもたちが最低限身につけておくべき基本的な知識もあります。読み書きや計算能力、そしてこれから英語やプログラミング能力などは、将来どんな仕事をしていくにしても必要な基礎的能力です。こうした知識は、教育用ＡＩの導入によって担保することが可能です。

最近注目されているディープラーニングは、人間の脳の働きに非常に近い形の技術でもあります。ディープラーニングの研究が進めば進むほど、脳の仕組みが解明され、各々の子どもたちの脳の状態に合わせ、ＡＩが適切な学習を提供できるようになるでしょう。それぞれの生徒のやりたいことや理解度に合わせ、個別最適な教育を行なえるようになるのです。

これからの時代は、「徴教師制」で教師の多様性を確保しつつ、基礎知識の教育は「ＡＩ先生」で個別最適化する、二段構えの教育体制を築くべきです。社会保障、年金、保険、さらには自分が住む国に至るまで、個々人が考えるべき問題はたくさんあります。

こうした問題について、個々人が自立的に考え、自ら選択肢を選び取れるような力を身につけるための教育が必要なのです。

**〈教育テーブル〉** ★はリーダー

★株式会社ニューズピックス取締役ＣＣＯ　佐々木紀彦氏
・カドカワ株式会社代表取締役社長　株式会社ドワンゴ取締役ＣＴＯ　川上量生氏
・ＰＬＡＮＥＴＳ編集長　宇野常寛氏
・東京大学情報理工学系研究科准教授　川原圭博氏
・株式会社ＬＯＵＰＥ代表取締役　浅谷治希氏
・読売新聞東京本社編集委員　猪熊律子氏



＊１　文部科学省「我が国の義務教育制度の変遷」
＊２　国立教育政策研究所「我が国の学校教育制度の歴史について」

## [ グラフィックレコーディング「教育」編 ]

閉鎖的な学校をオープンにし、多様な価値観、社会保障、
テクノロジーのリテラシーなどを学べる仕組みをつくる

**若い人にとってのメディアである先生をオープン化する**

**社会人が世の中について教える“徴教師制”の導入**

**AIを先生に！**

**日本から出ていったほうが有利な人もいる。それを含めて教えるべき**

（※議論の動画はこちら。http://live.nicovideo.jp/watch/lv314659821）

生産性の伸びは
アメリカとユーロ圏と、
日本はそんなに変わらない。
でも賃金に
いっていないんだよ

技術で新しい経済圏を
つくって歳入を増やす

絶対にやったほうがよいのは
消費税を劇的に上げて、
医療費負担率は豊かさで変える

明るい財政再建ができそうだね

# 第5章 本当に、日本の財源は足りないのか

## 高齢化でもGDPが増えているデンマークに学べ

ちょっと頑張って「なまけものの解決策」でよいのでは?

## 【財政の議論をはじめる前に】

社会保障の問題について語られるとき、「社会保障費に充てる財源は足りているのか?」「日本の財政は大丈夫なのか?」といった話題が同時に語られることが多いです。本章では、あらゆる社会問題について考えるときに避けては通れない、この「財政」について考えていきましょう。

財政の問題に取り組むとき、大きくは「歳出を減らす」「歳入を増やす」の2通りのアプローチ方法が考えられます。ここでは特に後者、「歳入を増やす」ためにどうすればいいのかを検討していきましょう。

歳入を増やすための最も効果的な方法のひとつに、消費税を引き上げることが挙げられます。しかし、今の日本ではそれは難しいのが実情です。また、日本は他の国に比べ、徴収した租税と社会保険料の総額に対し、社会保障の給付がやや多い傾向にあります。つまり、国際的な国民負担(対GDP比)と政府の社会保障支出(対GDP比)の間に見られる天の川、ミルキーウェイから、日本は上のほうにはみ出しているわけです(図表5-1)。

## 図表5-1　OECD諸国における社会保障支出と国民負担率の関係（2014 年）

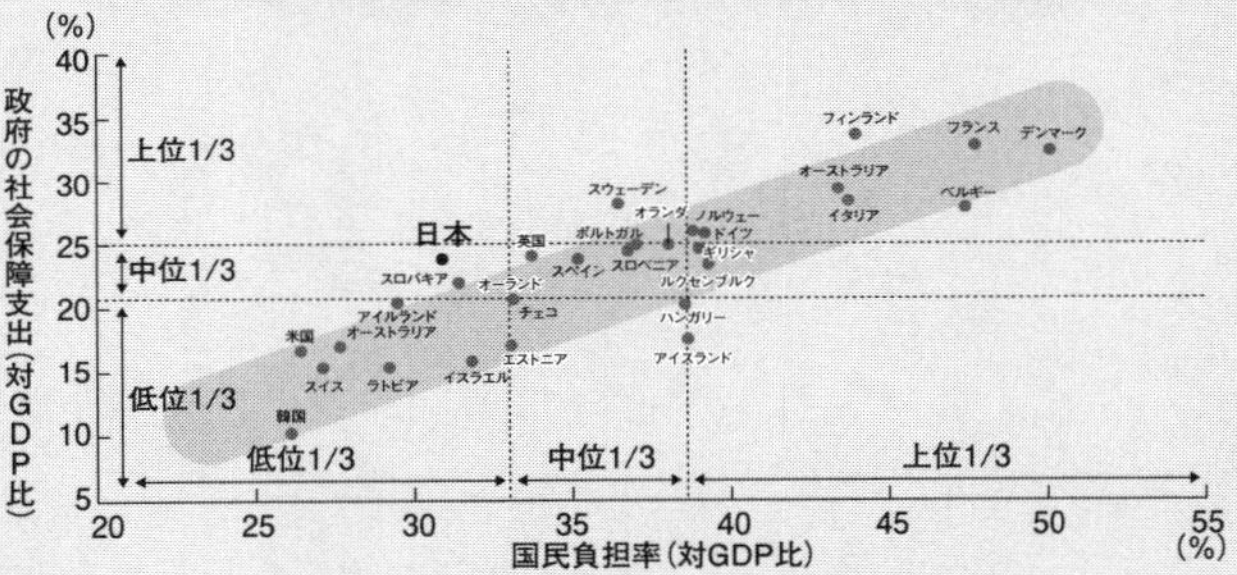


資料：国民負担率：OECD “National Accounts”、同“Revenue Statistics”、
内閣府経済社会総合研究所「国民経済計算」等、社会保障支出：OECD “National Accounts”、
（注）1．数値は一般政府（中央政府、地方政府、社会保障基金を合わせたもの）ベース
　　2．日本は 2014年度実績。各国は2014年実績
出典：「平成29年版厚生労働白書」

## 図表5-2　高齢化率と社会支出の国際比較（2013 年）

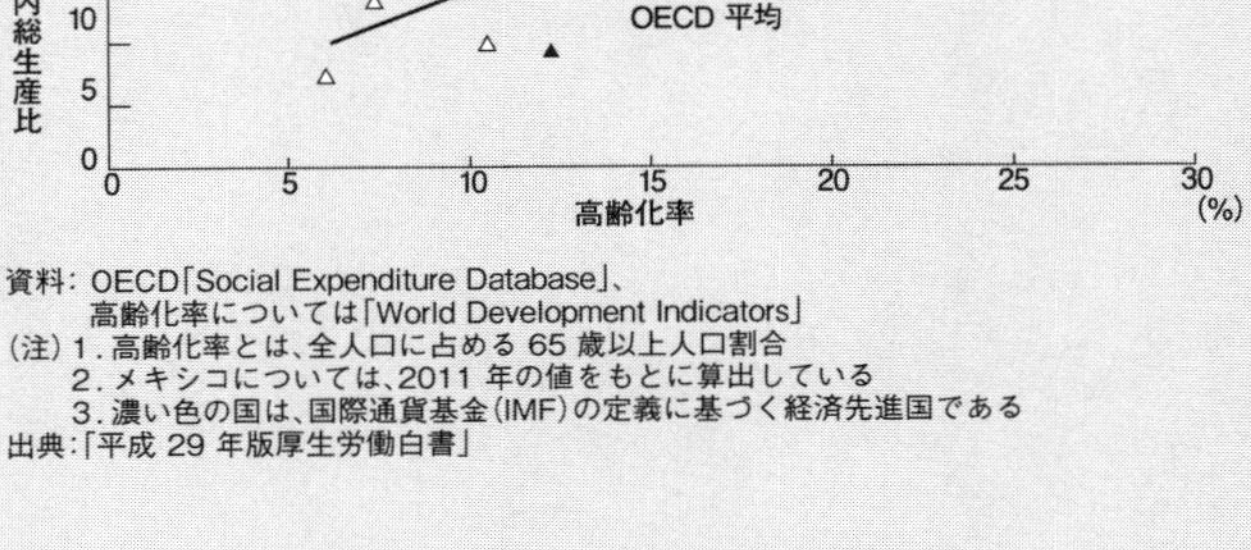


資料：OECD「Social Expenditure Database」、
　　高齢化率については「World Development Indicators」
（注）1．高齢化率とは、全人口に占める 65 歳以上人口割合
　　2．メキシコについては、2011 年の値をもとに算出している
　　3．濃い色の国は、国際通貨基金（IMF）の定義に基づく経済先進国である
出典：「平成 29 年版厚生労働白書」

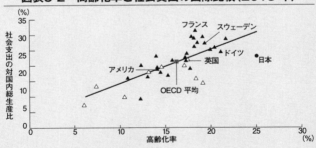

今の日本の財政は、このまま維持することは難しい——すなわち「持続可能性」が、問われているのです。

前ページ図表5-2を見れば、日本の高齢化が世界のトップなのに、社会保障支出がそこまで多くないこともわかります。税や社会保険料を増やすことに強い抵抗があるにもかかわらず、国民に十分な社会保障を提供することもできない、二重苦の状態にあるのです。本章では、この「二重苦」状況をいかにして突破していけるのかを検討していきます。

（Text by編集部）

OCHIAI'S OPINION

# 日本の社会保障費は本当に増大し続けるのか

落合 陽一

日本の財政の問題は、ニュースなどでもよく取り上げられています。

1000兆円を超える巨額の債務に加えて、年々、社会保障費が増え続けていることから、財務省や一部のエコノミストは、財政規律の引き締めによる健全化を強く訴えています。安倍内閣は2019年10月に消費税の増税を表明しており、将来的にはさらなる引き上げも示唆されています。また年金についても、現役世代は受給額が納付額を下回る見通しで、受給開始年齢も引き上げられる予定です。

こうした消費税や年金の問題については、私たちの生活や人生設計に直接関わってくるため、強い関心を持っている人も多いのではないでしょうか。

この財政問題における最大の懸案のひとつが、社会の高齢化に伴う社会保障費の増大です。たしかに、高齢者の増加による国家財政の破綻は現実味のあるシナリオに思えます。「日本が老人に食い潰される」という未来予測を前に危機感を感じている人もいるでしょう。

しかし、そこに正確な数字の裏付けはあるのでしょうか。

ざっくり今後の社会保障費の伸びを見ていきましょう。新聞などでは、2040年度に社会保障費は190兆円、2018年の1・6倍になると報道されていますが、慶應義塾大学教授の権丈善一氏によると、これは単純な誤報であり、将来の社会保障給付費は対GDP比で見なければならないということです。それでいうと、2018年5月に新聞各紙が報じた政府の社会保障費の長期試算については、5月23日付けの読売新聞の社説だけが、「対GDP比でみると1・1倍だ。際限なく膨張して制度が崩壊する、といった一般的なイメージとは異なるのではないか」と正しく報道していたということです。[*1] 日本の財政問題については様々な議論があり、未来のことである以上、確実な予測はできませんが、この数字は、ひとつの足掛かりになるのではないでしょうか。

今後の社会保障費は、国民が負担できないほどに増えるわけではない。まずはそこ

**図表5-3　今後の負担増は、実は2000年代よりマイルド**

-社会保障給付費の対GDP比-

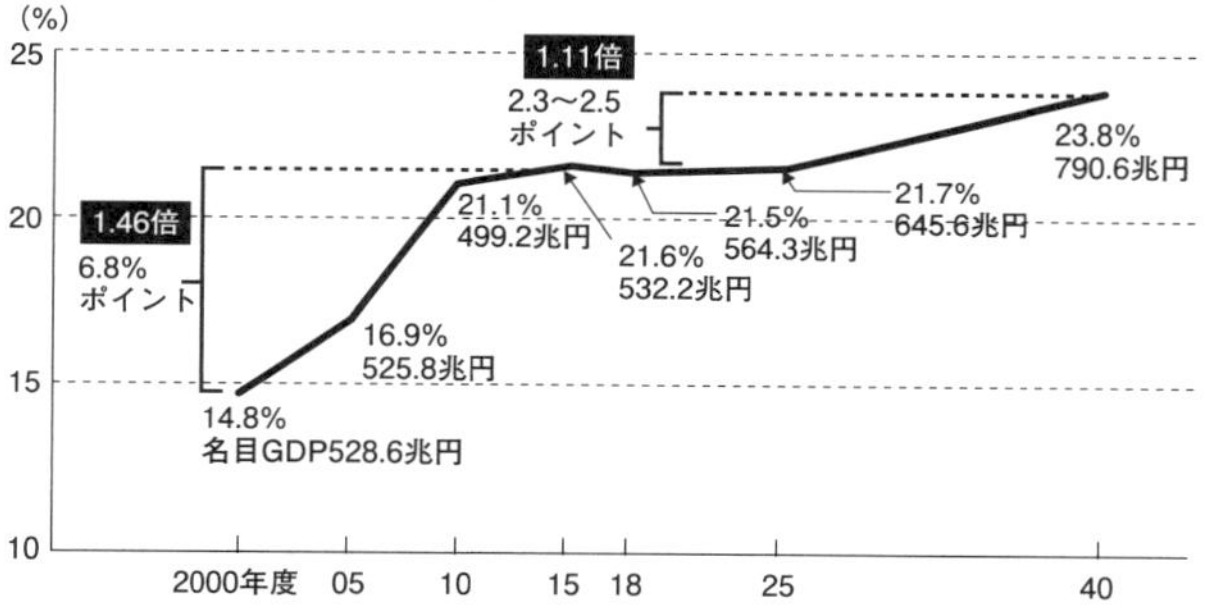


※厚生労働省の資料に野村明弘氏加筆
出典：東洋経済オンライン「社会保障が2040年に1.6倍は本当なのか？」
（野村明弘、2018年6月1日配信）

から議論をスタートしましょう。

## 社会保障費の抑制のカギは「医療」と「介護」

これから社会保障費はどのように変化していくのか。より詳細なデータをもとに検討してみましょう。

まず1つ目は、先ほども指摘した社会保障費の対GDP比の増減で、2040年までの変化を予測したものです（図表5－3）。2000年からの10年間で、社会保障費の対GDP比は急増しています。しかし、2010年以降は急速になだらかになり、2018年現在までほぼ横ばいが続いています。2025年以降は再び増加に転

**図表5-4　社会保障給付費（対GDP比）の将来見通し**

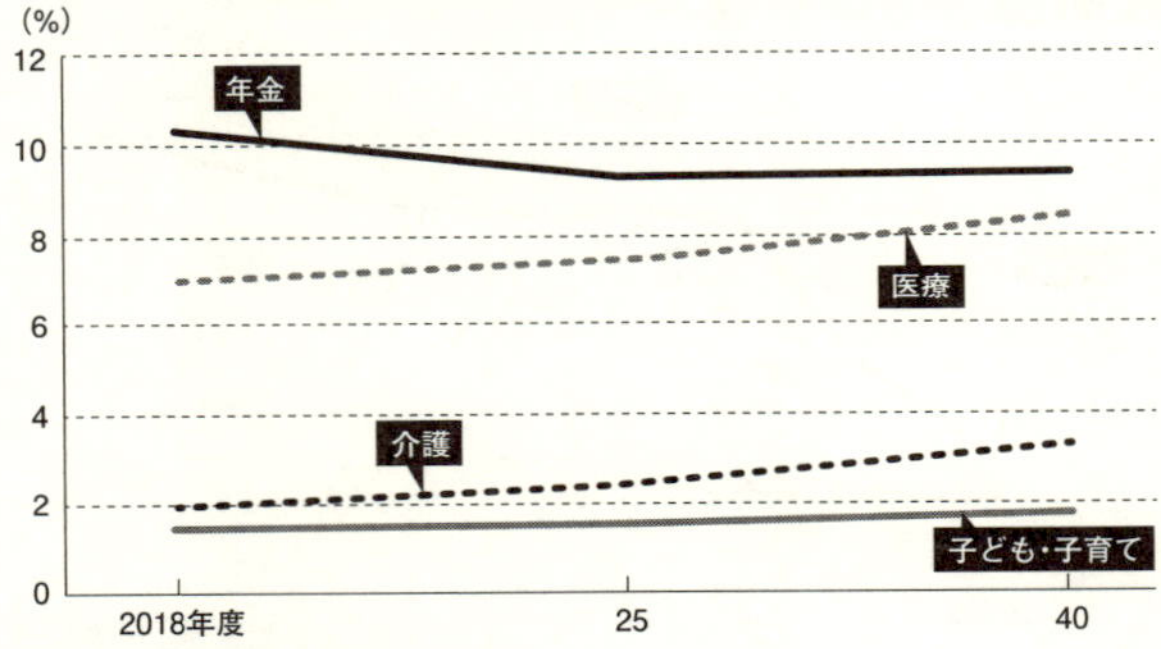


注：経済前提がベースラインケース
出典：厚生労働省「2040年を見据えた社会保障の将来見通し（議論の素材）」のデータを基に権丈善一氏作成

じるという予測ですが、15年間で1・11倍程度と、その変化は緩やかです。

つまり、2025年以降の15年間で増加する2〜3ポイント程度の負担を、労働力の拡充やテクノロジーの配備でいかに担うか、ここさえ解決できれば、少なくとも現状維持は可能ということになります。

さらに社会保障費の内訳を見てみましょう。図表5-4のグラフは2040年までの社会保障費のうち「年金」「医療」「介護」「子ども・子育て」の占める割合（対GDP比）とその変化をグラフにしたものです。これを見ると、年金と医療の占める割合が大きく、介護や子育てはそれほど多くないことがわかります。また、将来的な変化として、年金は微減傾向にあり、子育ては現状維持。増加するのは医療と介護の分野だけです。つまり、これからの20年では、医療と介護、この2つでコストを抑えるための施策が重要になってくると考えられます。

## テクノロジーによって社会保障費を抑える

ここまでで具体的な数字の目処が見えてきましたが、現場での施策についてはどうでしょうか。入管法の改正による移民の受け入れももちろん急務ですが、大きな効果が期待できるのは、現状のデジタル化が進んでいない状況を考えると、やはりICTテクノロジーの導入によるコストダウンです。特に改善の余地があると思われるのは介護の分野で、どれだけ人件費を抑制できるかが、ひとつのカギになると考えられます。もちろん、介護の作業そのものを完全に自動化するのは難しく、実現するとしてもかなり先のことになると思われますが、介護を補助し効率よく進めるための仕組みであれば、すぐにでも実現できるアイデアがいくつもあります。

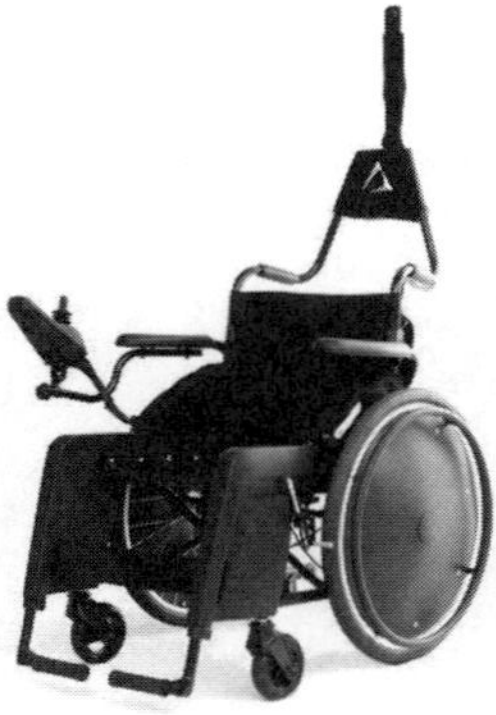

Telewheelchair

この分野については、僕は以前から積極的にプロダクトの開発に取り組んでいます。その成果のひとつとして挙げられるのが、車椅子にＶＲやＡＩの技術を組み込んだ「Telewheelchair」[*2]です。これは車椅子1台につき介護士1人が付き添う非効率さを解消するためのもので、自動運転と遠隔操作のノウハウを全面的に取り入れています。たとえば、搭載された全天球カメラを見ながら遠隔で車椅子の操作を行なったり、深層学習により周囲の物体を自動的に感知して回避したり、前方の車椅子を追尾するよう命令して行列を形成したり、さらには危険な場面でのみ車椅子の操作に介入するといったことも可能です。

介護業界では、人間の手によるケアを尊び、機械による無機質な処置を嫌う雰囲気がいまだに根強くあります。また、最新技術の導入を嫌悪するテクノフォビア（テクノロジー恐怖症）の傾向も、他業種より強いかもしれません。しかし、社会保障費を抑制するためには、こういったテクノロジーによって業務の効率化を進める努力が、今後は欠かせなくなると考えています。実際に現場で試験運用を重ねると、介護される当事者のお年寄りからは高評価なことが多く、百聞は一見にしかずの事例がほとんどです。

なお、マクロな視点から見た場合、テクノロジーによる省人化と自動化の進行は、必ずしも財政にとってよいことばかりではありません。これまで人間が担ってきた業務が機械に代替されれば、所得税の税収は減少します。さらに、企業から得た給与で消費が発生する経済的な循環が滞れば、社会全体がデフレへと突き進む可能性もあります。もちろん企業単体の業績は上向くでしょうが、法人からの税収にそれがそのまま反映されるかは未知数です。

これからは、税収で財政を支えるだけではなく、政府系投資機関を通じて、国と企業がイノベーションの成果を分け合うという発想が重要になると思います。テクノロジーによる省人化・自動化に成功した企業は、市場で優位を確保し株価が上昇します。政府系投資機関がそこに投資し利益を得ることによって、税収とは別の財源を確保できます。

すでに、年金積立金管理運用独立行政法人（ＧＰＩＦ）をはじめ、政府系投資機関が多くの国内企業の株式を保有していますが、今後は投資先の企業の選定についても、将来を見据えたより高度な判断が必要になるでしょう。国民の税金を運用する政府系投資機関は、単純な営利だけを目的として投資を行なうべきではありません。国民の雇用を奪うことで経済の循環を阻害するような投資判断は避け、民間企業のイノベーションを促進させるための活動を進めてほしいと思います。

## 高齢社会でも成長を続けるデンマークに学べ

現在の日本の社会保障費を支えているのは、私たち国民が国に納めている税金です。この税収を増やすことも社会保障費を考えるうえでの重要な施策です。

２０１９年10月には消費税の増税が予定されていますが、景気を減速させる可能性の高い増税よりも、継続的な経済成長を実現したほうが、長期的な税収の増加につながるのはいうまでもありません。

# 図表5-5　日本とデンマークの人口構成比

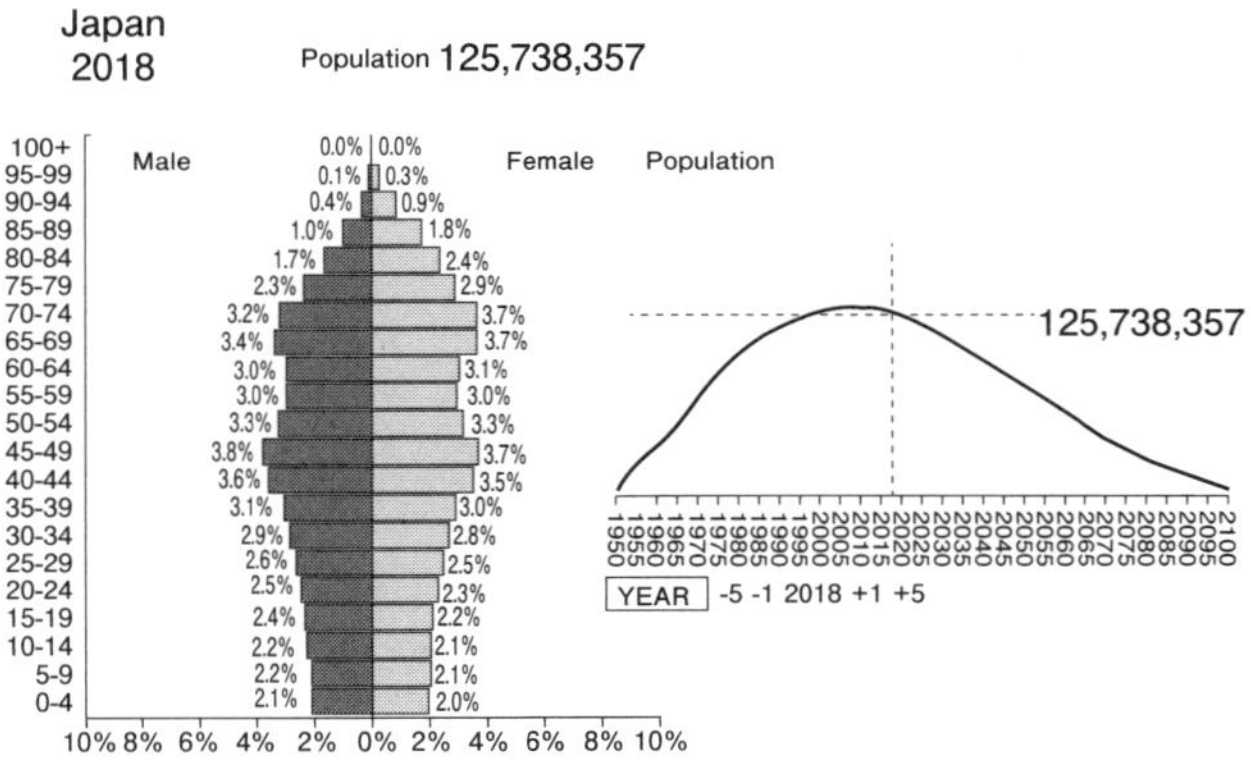


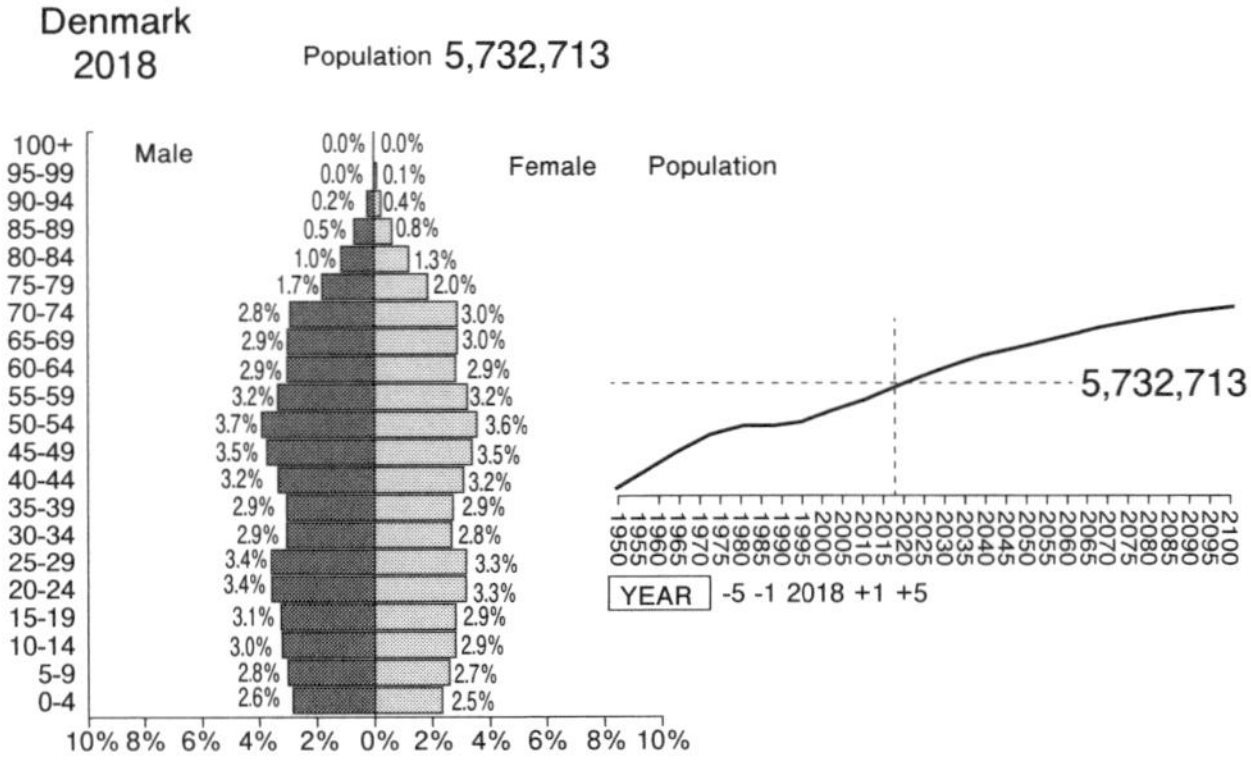


出典：Population Pyramid.netにて作成

この20年の日本の実質GDP成長率は、1%程度の低い水準に留まっています。一般的には、人口が減少する社会ではGDPも減少するといわれており、特に日本の場合、高齢化の進行によって労働者人口が減り続けているため、安定した経済成長路線に転じるのは困難とされてきました。

しかし、本当に高齢社会で経済成長は実現できないのでしょうか。

日本とよく似た人口構成比の国に、デンマークがあります。デンマークと日本の人口ピラミッドを比較してみましょう（前ページ図表5-5）。どちらも第一次・第二次ベビーブーム世代が人口のピークを形成しており、それが高齢化率の高さにつながっています。

その一方で注目したいのは、デンマークのGDPの変化です。日本と同じ高齢化社会でありながら、デンマークのGDPは2000年代以降も安定して伸び続けています。日本ほど少子化は進んでいないものの、人口に占める高齢者の割合は高く、また北欧の高福祉国家らしく社会保障費の負担が大きいところも日本とよく似ています。さらに約570万人という人口では、内需に頼ることも難しい。このような条件下で、デンマークはどのようにして安定した経済成長を実現しているのでしょうか。

大きな理由として挙げられるのは、産業構造の転換と行政の効率化です。製造業が主体の日本とは異なり、デンマークでは主要産業を流通・小売業へと転換しはじめています。ゼロからものをつくる産業ではなく、既存の製品に価値を付与する産業へとシフトしつつあるのです。[*3]

またデンマークでは、テクノロジーを活用した政府運営の効率化も進んでいます。自治体が公開したビッグデータを民間企業が活用するなど、官民一体となった取り組みが行なわれているほか、特に医療分野においては、個人の通院履歴を集めたデータベースが完備されるなど、電子化が幅広く展開されています。[*4]

政府機能の電子化を進めている国としてはエストニアが有名ですが、デンマークはEUで最も電子化が進んだ国であり、医療、福祉、金融、教育などのIT技術を介した連携が、国家戦略によって推進されています。簡単な事務手続きひとつとっても、なかなか制度が改められない日本は、大いに見習うところがあるのではないでしょうか。

このように、高齢化社会に移行しつつも経済成長を続けている国は存在します。その国がどのような社会的・経済的な構造によって成長を実現しているかを知ることは、これからの日本のあり方を考えるうえで、参考になると思います。日本は人口が多い国なので、国を挙げて一度に舵を切るのは難しいかもしれませんが、地方自治体の単位からでも、少しずつ手を打っていくべきだと思います。

## シルバー民主主義という問題

ここまで、社会保障費を抑制するためのプランと、高齢社会でも経済成長を続けるデンマークの例を紹介してきましたが、日本の社会保障費の問題の本当の根底にあるもの。それは「シルバー民主主義」であると、僕は考えています。

現在の日本では、60歳以上が有権者全体の約4割を占めるという歪(いびつ)な構造が生まれています。そして、残りの人生が短い高齢者には、数十年先の未来の問題について真剣に考える動機づけが少なくなってしまうことも、しばしばあります。自分が人生を終えた後に深刻化する問題であれば、あえて痛みに耐えるようなことはせず、耳触りがよいことを言って解決を先送りしてしまう。この本のテーマに即して言うなら、「テクノロジーへの投資をします」と言うよりも「介護保険料を安くします」と言っ

## 図表5-6　衆議院議員総選挙における年代別投票率（抽出）の推移

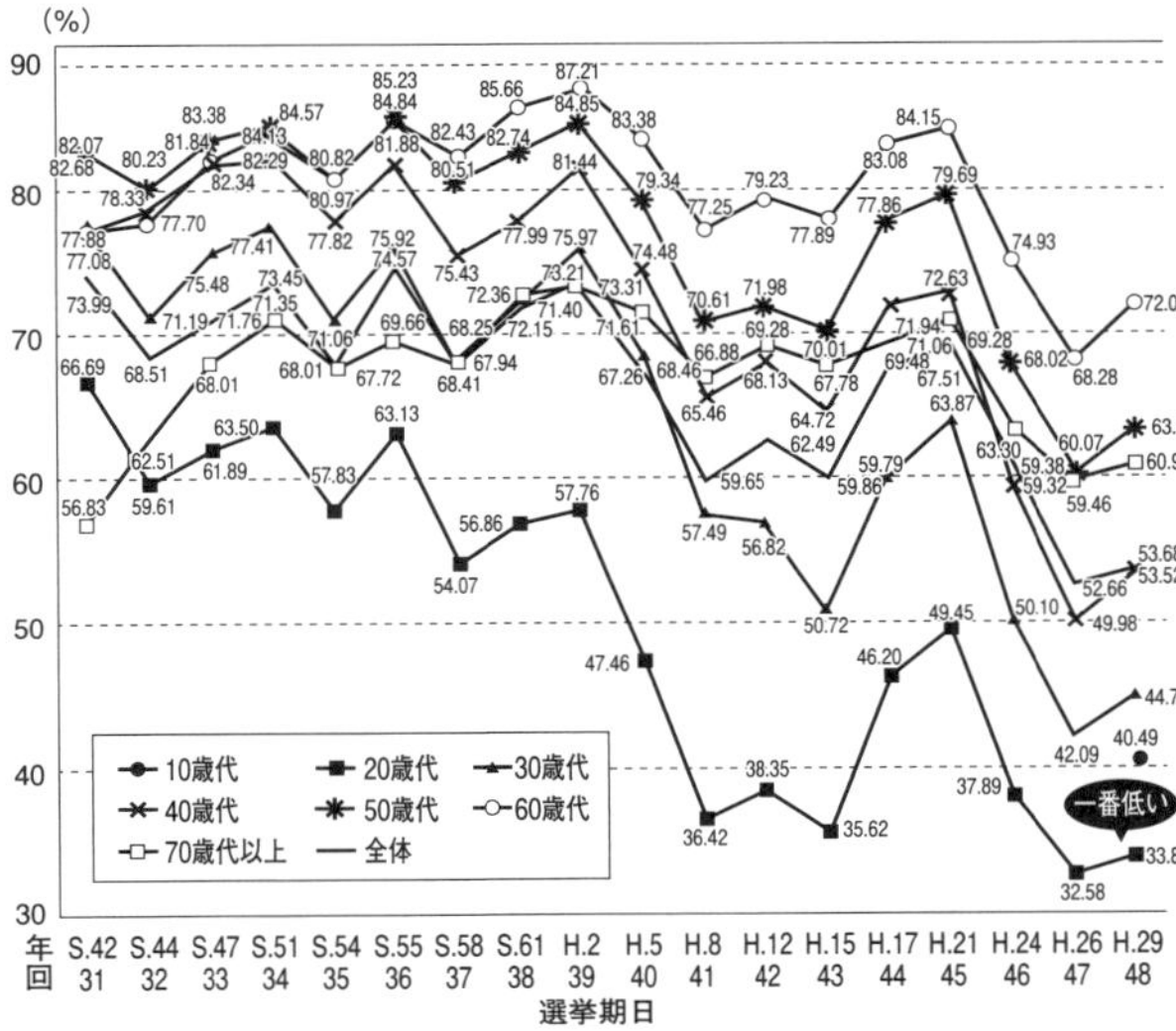


| 年 | S.42 | S.44 | S.47 | S.51 | S.54 | S.55 | S.58 | S.61 | H.2 | H.5 | H.8 | H.12 | H.15 | H.17 | H.21 | H.24 | H.26 | H.29 |
|---|---|---|---|---|---|---|---|---|---|---|---|---|---|---|---|---|---|---|
| 回 | 31 | 32 | 33 | 34 | 35 | 36 | 37 | 38 | 39 | 40 | 41 | 42 | 43 | 44 | 45 | 46 | 47 | 48 |
| 10歳代 | | | | | | | | | | | | | | | | | | 40.49 |
| 20歳代 | 66.69 | 59.61 | 61.89 | 63.50 | 57.83 | 63.13 | 54.07 | 56.86 | 57.76 | 47.46 | 36.42 | 38.35 | 35.62 | 46.20 | 49.45 | 37.89 | 32.58 | 33.85 |
| 30歳代 | 77.88 | 71.19 | 75.48 | 77.41 | 71.06 | 75.92 | 68.25 | 72.15 | 75.97 | 68.46 | 57.49 | 56.82 | 50.72 | 59.79 | 63.87 | 50.10 | 42.09 | 44.75 |
| 40歳代 | 82.07 | 78.33 | 81.84 | 82.29 | 77.82 | 81.88 | 75.43 | 77.99 | 81.44 | 74.48 | 65.46 | 68.13 | 64.72 | 71.94 | 72.63 | 59.38 | 49.98 | 53.52 |
| 50歳代 | 82.68 | 80.23 | 83.38 | 84.57 | 80.82 | 85.23 | 80.51 | 82.74 | 84.85 | 79.34 | 70.61 | 71.98 | 70.01 | 77.86 | 79.69 | 68.02 | 60.07 | 63.32 |
| 60歳代 | 77.08 | 77.70 | 82.34 | 84.13 | 80.97 | 84.84 | 82.43 | 85.66 | 87.21 | 83.38 | 77.25 | 79.23 | 77.89 | 83.08 | 84.15 | 74.93 | 68.28 | 72.04 |
| 70歳代以上 | 56.83 | 62.52 | 68.01 | 71.35 | 67.72 | 69.66 | 68.41 | 72.36 | 73.21 | 71.61 | 66.88 | 69.28 | 67.78 | 69.48 | 71.06 | 63.30 | 59.46 | 60.94 |
| 全体 | 73.99 | 68.51 | 71.76 | 73.45 | 68.01 | 74.57 | 67.94 | 71.40 | 73.31 | 67.26 | 59.65 | 62.49 | 59.86 | 67.51 | 69.28 | 59.32 | 52.66 | 53.68 |

※①この表のうち、年代別の投票率は、全国の投票区から、回ごとに144～188投票区を抽出し調査したものです
※②第31回の60歳代の投票率は60歳～70歳の値に、70歳代以上の投票率は71歳以上の値となっています
※③10歳代の投票率は、全数調査による数値です

出典：総務省「衆議院議員総選挙における年代別投票率の推移」

たほうが、65歳以上の有権者には受け入れられやすいという現実があるのです。

同じことは政治家についてもいえます。財政や社会保障といった問題は、数十年単位の長いスパンで政策を考える必要がありますが、多くの政治家は次の選挙に当選して生き残ることに頭が一杯で、自分が議員でいられるかもわからない未来について考えをめぐらす余裕のある政治家は、ほんの一握りでしょう。結果、当選したい政治家は高齢者に優しい公約を掲げざるをえないし、長期的に見て価値があると思える政策があっても、支持母体である高齢者層の意にそぐわない以上、自分の政治家人生の中ではやるべきではないという判断になります。

加えて、ただでさえ数が少ない若年層の投票率は、低下の一途をたどっています（前ページ図表5-6）。実際に僕の同世代を見ても、政治的な議論に参加できる人の数は限られ、長期的な視点に基づいた意見や判断を述べられる人はごくわずかという印象です。

今の若年世代は可処分時間と可処分所得の少なさが視野を狭めている部分があって、要するに目の前の生活に精一杯で、先のことを考える余裕がないために、政治参加へのモチベーションが失われているという面もあると思います。とはいえ、その構造に陥った時点ですでに敗北したも同然です。時間やお金がかかることではないので、せめて選挙権は行使してほしいと思います。

今後、人口が減少し続ける日本は、グローバルな人口増加のトレンドと逆行している数少ない国家です。参考になる他国の事例が少ない以上、独自に解決策を模索していくしかないのですが、人口減少に伴う社会保障の問題は、いずれ他の国々も直面することになる問題です。この課題に日本がどう向き合うのか、世界各国が注目しています。これからの20年をどのように乗り切るか。それによって日本という国と、それを担う私たちの世代の真価が試されることになると思います。

**図表5-7　実質賃金指数の推移の国際比較（1997年＝100）**

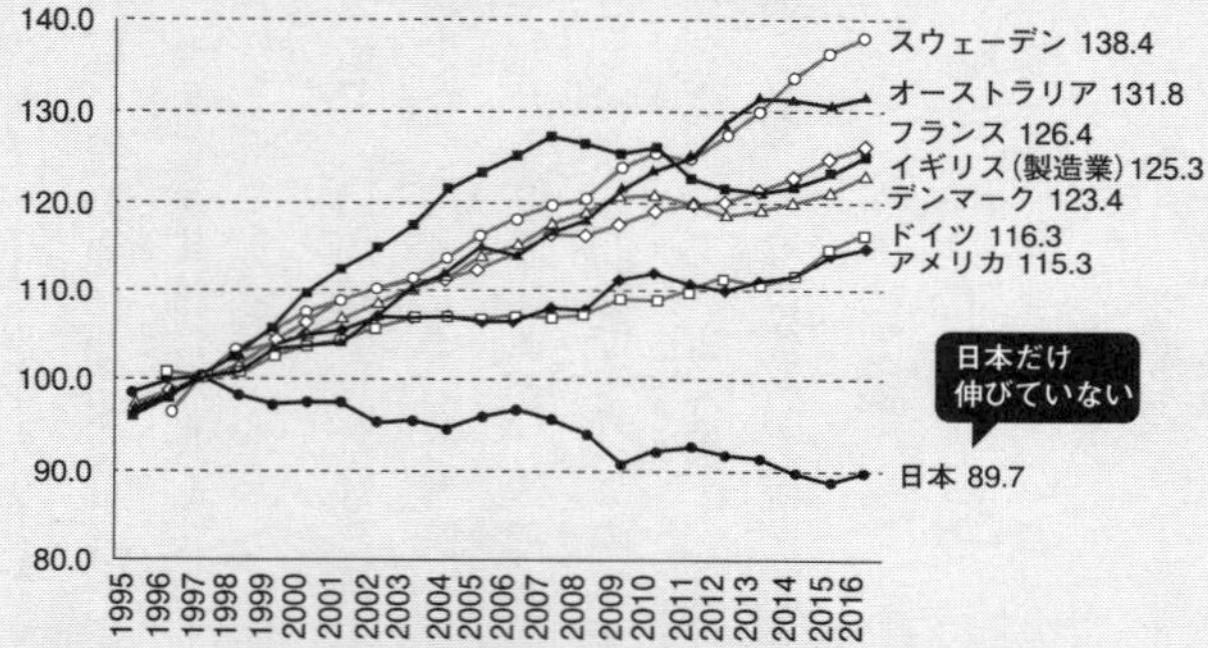


出典:oecd.statより全労連が作成（日本のデータは毎月勤労統計調査によるもの）
注：民間産業の時間当たり賃金（一時金・時間外手当含む）を消費者物価値数でデフレートした
　オーストラリアは2013年以降、第2・四半期と第4・四半期のデータの単純平均値
　仏と独の2016年データは第1〜第3・四半期の単純平均値。英は製造業のデータのみ

## 【財政テーブルの議論のまとめ】

経済を効率的に回していくために、まず「賃金」の問題を考える必要があります。

序章でヤフー株式会社CSOの安宅和人氏が「弱者を酷使することによって回っている経済は恥ずかしい」と論じていましたが、薄給で賄われている仕事のうちかなりの部分は、テクノロジーを活用すれば効率を高められるはずです。

日本の労働生産性の伸び自体は、ヨーロッパやアメリカとあまり変わりません。

ただし、ヨーロッパやアメリカは労働生産性の伸びに応じて賃金も伸びているのですが、日本だけが伸びていない（図表5-7）。

日本の生産性が低い原因は、ここにありま

## 図表5-8（参考）　先進国のGDP

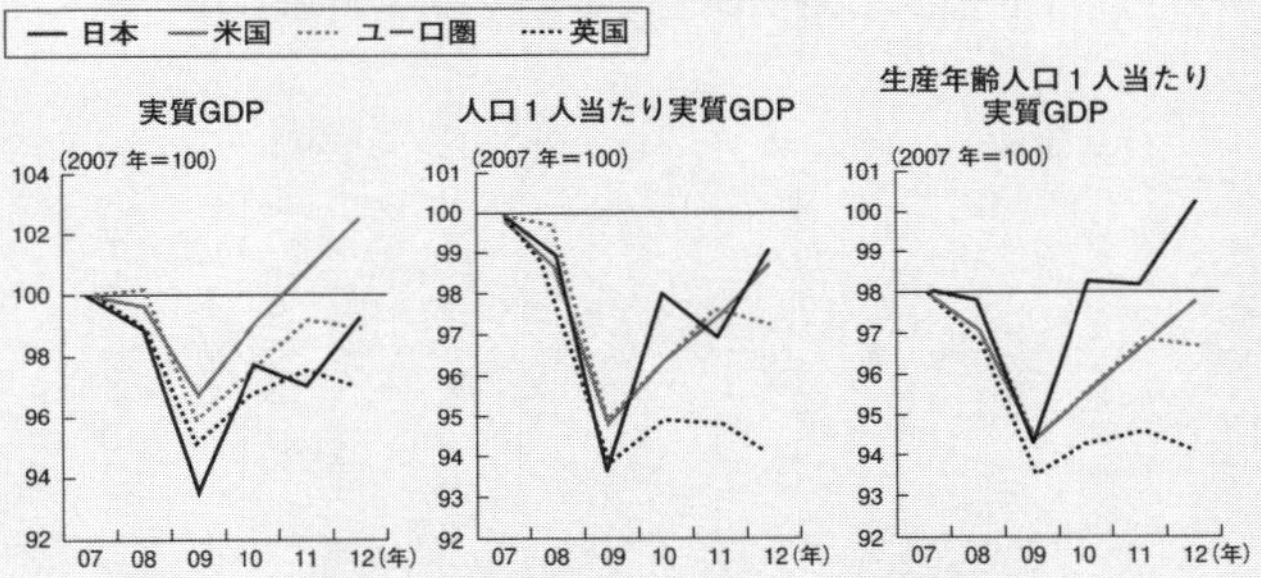


（注）1．生産年齢人口は 15～64 歳の人口
　　　2．2012 年は1～6月の値
　　　　人口と生産年齢人口は、2011 年と同じ伸びで変化しているとして試算
資料：内閣府「国民経済計算」、World Bank、BEA、Eurostat、ONS
出典：白川方明氏講演録（2012）「物価安定の下での持続的成長に向けて」

## 図表5-9（参考）　賃金と生産性の国際比較

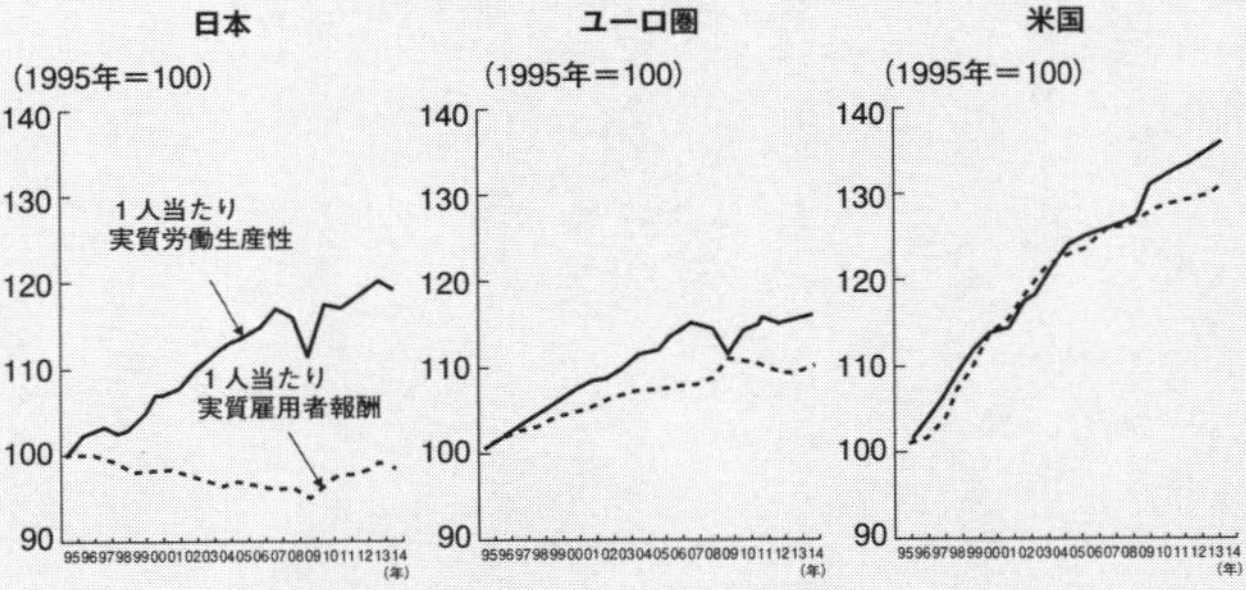


資料出所：OECD.Statをもとに厚生労働省政策担当参事官室にて作成
（注）ユーロ圏の国は、オーストリア、ベルギー、デンマーク、フィンランド、フランス、ドイツ、
　　ギリシャ、アイルランド、ルクセンブルク、オランダ、ポルトガル、スペイン、スウェーデン、英国
出典：「平成27年版労働経済の分析」

す。テクノロジーでも代替できる仕事を人間に薄給で任せるのではなく、人間は人間にしかできない仕事に集中して労働生産性に見合った賃金の引き上げを行なうべきです。

限界費用の低く操作がしやすいITサービスを使って、問題を解決することに注目が集まっています。

もうひとつは医療費の問題。AI技術が進展すれば、半分以上の病気は予測・予防可能になると、安宅氏は議論の中で語っていました。

その際に国や自治体が保管している医療情報データの活用も必要になります。現在は業界団体の反対で進んでいませんが、医療情報を民間企業に移管するための法制度なども整える必要があるでしょう。国・自治体がデータ提供料をもらうサイクルが回れば、財源の確保にもつながるかもしれません。

年金の財源については、年齢や性別による雇用差別も廃止すべきです。特に「人生100年時代」かつ「超高齢社会」のこれからは、高齢者に働いてもらえるかどうかが国全体の生産性を左右します。

## 図表5-10　高齢者を支えるために何人必要か？

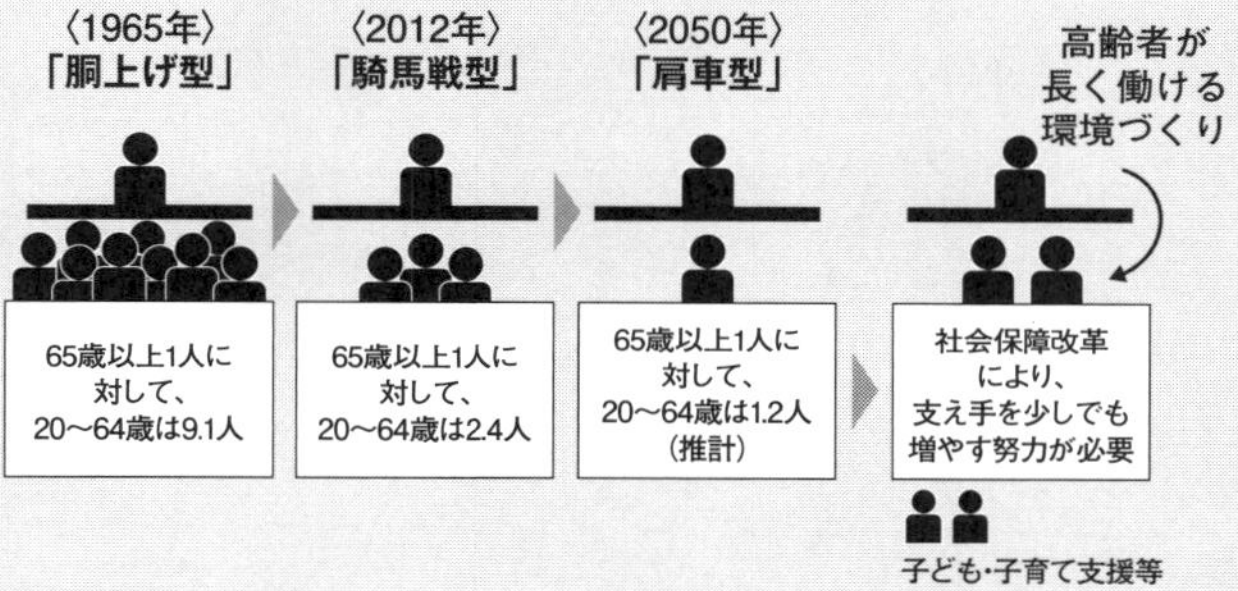


出所：財務省作成資料

高齢者1人あたりを支える非高齢者の人数は、どんどん増えていくといわれています。実際、単純に人数だけを見ると、「胴上げ型」→「騎馬戦型」→「肩車型」と、非高齢者の担うべき負担がどんどん増えていってしまうかのように見えるでしょう。

しかし、ここに「就業しているかどうか」という観点を加えても状況は同じでしょうか。実は、高齢者人口の増加と並行して、女性や高齢者の社会進出がますます進展していくため、就業人口が非就業人口を支えるための負担はそこまで増えないのです。

たとえば、国民的漫画・テレビアニメ『サザエさん』に登場する「磯野波平」（サザエさんの父）が、何歳という設定かご存じでしょうか。定年間近の60歳前後だと想像する方が大半だと思いますが、実際はなんと54歳。現代社会ではまだまだバリバリと働いている年齢ですが、『サザエさん』が書かれた1946年当時は定年が55歳だったため、54歳でも引退間近のように描かれているのです。70年前であれば「支えられる側」だった「波平さん」も、現代であれば「支える側」に回ることになる。「余裕がある人」が「困っている人」を支えるという仕組みになります。すると、「今後の負担は実はあまり変わらず、若い世代の負担が何倍にもなるわけではない」ということがいえると思います。

とはいえ齢を重ねるごとに身体や認知能力に不自由が生じるのは止めようがないので、身体機能を代替してくれるテクノロジーの開発が求められます。

様々な解決策をあげましたが、生産性が取り立てて低いわけでもなく、労働人口が増えれば労働力不足を悲観する必要もない。したがって、ちょっと頑張ればいいのです。「なまけものの解決策」のようなイメージで財政対策とそれに付随する諸政策を行なっていけば十分なのではないでしょうか。

たとえば、政策によって背中を押していく方法が考えられます。テクノロジーを活用した改革を推進する際、それを後押しする政策や法律の整備と、テクノロジー企業側が国や自治体に歩み寄ることの両方が必要です。前者は、特定の行動を促す目的でアーキテクチャを設計する「ナッジ」という手法で、テクノロジー活用を後押しする政策を整備することが有効でしょう。

一例を挙げると、年金制度。年金は、平均余命を計算し、何歳からもらいはじめたとしても生涯受給額が変わらないように設計されています。つまり、できるだけ長く働いて、賃金による生涯収入を上げてからもらいはじめたほうが、賃金と年金を合わせた生涯の収入額は高い。しかし、大半の人は「できるだけ早くもらいはじめたほうが得だ」と誤解しているのです。こうした誤解がなされないよう、正しい知識をわかりやすく伝えていくことで、自然と高齢者の就業者数が増えていくでしょう。

また、活用を後押しするのはもちろんですが、最新テクノロジーを最大限使いこなそうとする若手世代を、シニア世代が邪魔しないようにすることも大事です。UberやAirbnbへの規制を強めることで、長い目で見ると社会的な損失となっている面も大きいと思いますし、仮想通貨への規制を強めることで、取引量が激減し本来見込めた税収も減ってしまっています。

現在私たちの生活に欠かせないものであるインターネットが社会に出てきたときも、「こんなものは何の役にも立たない」というアレルギー反応が湧き出ました。「仮想通貨なんてただの金融商品だ」などと決めつけずに、若い世代がやろうとしていることをフラットな目で理解し、規制などで「邪魔しない」ことが大切です。

同時にテクノロジー提供側も、自らの技術でどんな未来が実現できるのか、政策や法律を整備する側に対して示し、政策的な制約も考慮しつつ実現可能なことを模索していくことが必要になります。「ポリ」と「テック」がお互いに歩み寄れば、明るい財政再建ができるのではないでしょうか。

〈財政テーブル〉★はリーダー

★慶應義塾大学商学部教授　権丈善一氏
・ファルメディコ株式会社代表取締役社長　外科医　狭間研至氏
・ヤフー株式会社CSO　安宅和人氏
・内閣府大臣政務官（経済再生・金融庁担当。当時）　村井英樹氏
・ワンファイナンシャル株式会社CEO、Founder　山内奏人氏
・HashHub Co-founder&CEO 東晃慈氏

＊1　東洋経済オンライン「医療費膨張を煽る『誤報』はこうして生まれる――医療費を決めるのは高齢化でなく政治的判断」（「2040年を見据えた社会保障の将来見通し」内閣官房・内閣府・財務省・厚生労働省より作成）権丈善一

＊2　「Telewheelchair」（Digital Nature Group）https://digitalnature.slis.tsukuba.ac.jp/2017/03/telewheelchair/

＊3　国土交通省「デンマークの経済社会について」（平成26年4月）

＊4　富士通総研「デンマークのデジタルヘルスをめぐる動向（1）発展経緯と新たな4か年戦略における重点化目標」（2018年2月）

## ［ グラフィックレコーディング「財源」編 ］

女性や高齢者の社会進出があれば、社会保障の財源は大きな問題にならない。
年金に関する誤解をなくし、「ナッジ」でテクノロジー活用の後押しを

日本は高齢化が進んでいるのに社会保障が多くない

ニーズに合った形で社会保障の適正化を

賃金を上げる。人が薄給でしている仕事はテクノロジーに代替。年齢による雇用の差別を禁止して高齢者も働けるように

テクノロジーを使って生産性を上げられれば、そんなに困った問題にはならない

（※議論の動画はこちら。http://live.nicovideo.jp/watch/lv314659859）

一人暮らしの人が
増えている数と、
Well-being指数が
相関している気がする

イギリスの公園だと
植物の専門家のほかに
スポーツマネージャがいます

「健康なんですけど、
ちょっと来ました」みたいな
会話が病院でできれば

スポーツは本当に体にいいか。
適度なほうが寿命と関連する

# 第6章 人生100年時代の「スポーツ」の役割とは？

## 「健康」のための運動から「Well-being」へ

医療が発達してきて、
運動そのものが
必要でなくなってくれたらいいのに

## 【スポーツ・健康についての議論をはじめる前に】

スポーツと聞くと「健康のために行なうもの」というイメージを持っている人が多いと思います。事実、20世紀までのスポーツは健康増進を第一の目標に、いつまでも若く健やかであることや、厳しいトレーニングに耐えて記録を向上させることに重きが置かれてきました。しかし、人生100年時代といわれる今、スポーツには新たな役割が求められるのではないでしょうか。

これからのスポーツが担う新たな役割を考えるうえでヒントとなるのが「Well-being」（幸福で健康）という考え方です。

WHOが定めた「健康」の定義は、単に肉体的な意味で「病気がないこと」や「弱っていないこと」ではありません。肉体的・精神的・社会的、いずれの面おいても「Well-being」な状態[*1]であるということを指しています。

世界大会銅メダリストの為末大氏は、「個々人が身体を動かして健康体を目指す活動は、スポーツではなく『エクササイズ』である」と語っています。

この章では「Well-being」のためにスポーツは何ができるかを、考えていきたいと思います。

（Text by 編集部）

OCHIAI'S OPINION

# 人生100年を幸福に過ごすために、なぜ「運動習慣」が必要か

これまでスポーツといえば、身体的な健康の増進と娯楽を主な目的とする営みでした。しかし近年になって、スポーツのもたらす様々な効用が、より多角的に受け止められるようになってきています。

その中でも特に高く評価されているのが「ストレスの解消」「コミュニティの形成」「予防医学的効果」の3点です。

まず第1に挙げられた「ストレスの解消」については、実際に自身の体験から実感されている方も多いでしょう。継続的な運動の習慣はストレス耐性を高め、精神の安定に役立ちます。適応障害、鬱、神経症などの予防にも効果があるとされているほか、不規則な生活によって自律神経のバランスが失われている場合も、適度な運動に

よって回復の効果が見込めます。メンタルヘルスを損なう人が多い昨今の労働環境においては、改めて自己防衛のための手段として見直されるべきだと思います。

2つ目の「コミュニティの形成」は、スポーツを介して他の人と交流することで、人と人とのつながりを生み出す効果です。地域や会社組織の共同体が、以前ほど機能していない今日において、スポーツの持つコミュニティ形成機能は非常に貴重であり有用です。

予防医療に詳しい石川善樹氏は、困ったときに頼れる人がいるという「つながり」の感覚が、幸福感と密接に関連していることを指摘しています。未婚率の上昇により単身世帯が増えるこれからの社会では、人間関係を媒介するスポーツの特性を、積極的に活用していくことが期待されます。

## 予防医学の観点からの「スポーツ」

3つ目に挙げられるのが「予防医学的効果」です。スポーツによる健康の増進は、人間の健康寿命を延ばすことにつながります。

２００７年に日本整形外科学会は「ロコモティブシンドローム（運動器症候群）」という概念を提唱しました。これは歩行や立ち・座りの切り替えといった日常生活の基本動作に障害をきたすような状態のことで、要するに将来的に要介護になる、その前段階の状態を指しています。ロコモティブシンドロームの原因となるのは運動不足による骨や関節、筋肉などの衰えなどです。

該当するのは主に中高年以上の世代ですが、実は若年層においても発症事例はあり、その要因は「運動量・運動経験の少なさ」もしくは、運動量はあっても、「単一運動や1種目のみへの傾倒」といわれています。

運動の習慣と歩行能力の間には、直接的な関連性があることもわかっています。平成29年度「体力・運動能力調査」（スポーツ庁）で、運動・スポーツの実施状況別の「無休憩で歩ける時間」の割合を見ると、男女ともに運動・スポーツの習慣がある群ほど長時間歩けることがわかります（次ページ図表6−1）。この調査によると、高齢者（65〜79歳）では「運動習慣」「歩行能力」に関連性があり、さらにそれは「生活の充実度」とも結びついていることがわかるデータもあります。

## 図表6-1　高齢者の運動習慣，歩行能力及び生活の充実度には関連性がある

高齢者（65〜79歳）について、ADL（日常生活活動）テストの質問項目から、日常生活の基本となる歩行について着目し、運動習慣及び生活の充実度との関連性について分析した。
現在の運動・スポーツの実施状況別に休まないで歩ける時間についての回答割合を示した。

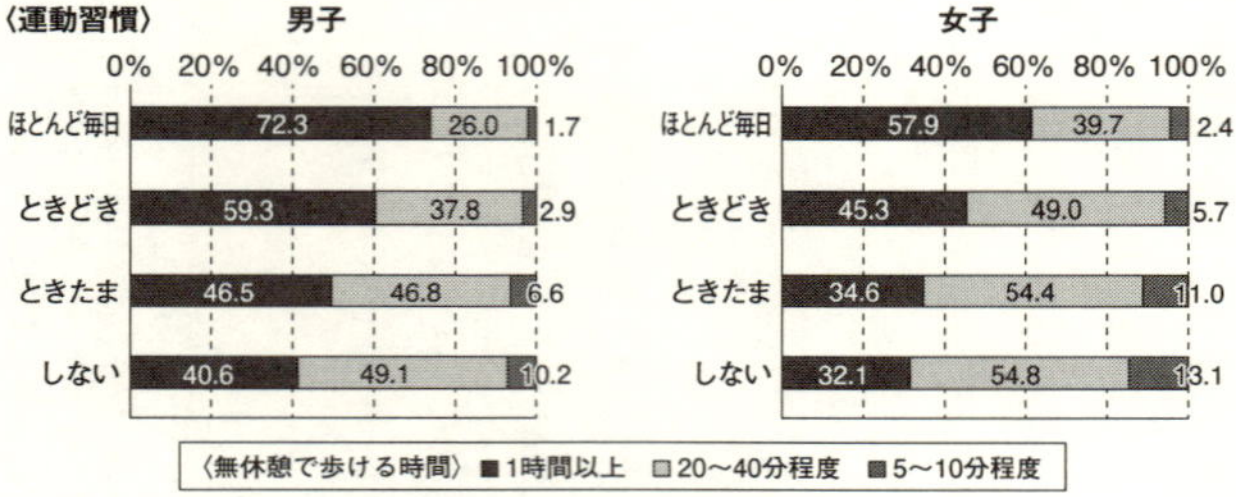


出典:スポーツ庁　「平成29年度体力・運動能力調査」

日常的な運動は、歩行能力を維持しロコモティブシンドロームを予防するための重要な要因となります。さらにそれは幸福な生活、つまり「Well-being」な人生を送るためのカギでもあります。僕も今、ロコモ協会と協働し、テクノロジーを用いてロコモティブシンドロームと向かい合っています。

「人生100年の課題をどうするか」といった問題を考えるとき、どうしても経済学的視点や、グラフや数字の中だけの話になりがちですが、「いかにして身体を動かしてもらうか」という観点も大事です。

「運動」と「歩行」と「幸福」という、密接につながった三者の調和を保つことが、人生100年時代を充実して生きることに

つながるのです。

## 運動がしたくてもできない30代・40代

人間の健康と幸福に大きな影響を与えるスポーツですが、現代の日本においては、どの程度、社会に浸透しているのでしょうか。

スポーツ庁による「スポーツの実施状況等に関する世論調査」によれば、週1日以上のスポーツ実施率は、20〜79歳の男女平均値で51・5％です（次ページ図表6-2）。この数字だけを見ると、約半数の日本人に運動の習慣があるように捉えられますが、年代別で分けると印象は大きく変わってきます。

10代・20代と60代・70代では実施率は5割を超えていますが、30代から50代では4割程度。さらに、週3日以上の運動となると、30代・40代の平均は2割を切っていて、日常的に身体を動かす習慣がある人は5人に1人もいないという結果が出ています。

若い頃には活発に運動するが、中年になると運動の習慣を失い、高齢者になってから再び運動をはじめる、というのが、日本人のスポーツとの付き合い方のようです。

## 図表6-2　スポーツ実施率（平成29年度）

年代別運動実施率　週1日以上　　n=20,000　　(%)

| | 全体 | | 男性 | 女性 |
|---|---|---|---|---|
| 全年代平均 | 51.8 | (42.7) | 53.4　(44.3) | 50.2　(41.1) |
| 10代 | 63.3 | (49.8) | 67.5　(55.1) | 58.8　(44.2) |
| 20代 | 50.0 | (34.5) | 54.3　(40.8) | 45.4　(27.8) |
| 30代 | 45.4 | (32.5) | 49.9　(37.2) | 40.7　(27.7) |
| 40代 | 42.2 | (31.6) | 46.4　(34.2) | 37.8　(29.0) |
| 50代 | 45.5 | (39.4) | 45.5　(36.3) | 45.4　(42.4) |
| 60代 | 58.4 | (54.4) | 56.0　(52.8) | 60.5　(55.6) |
| 70代 | 71.3 | (65.7) | 71.1　(68.1) | 71.5　(63.2) |
| 成人のみ | 51.5 | (42.5) | 53.0　(44.0) | 49.9　(41.0) |

(　)内は平成28年度数値

年代別運動実施率　週3日以上　　n=20,000　　(%)

| | 全体 | | 男性 | 女性 |
|---|---|---|---|---|
| 全年代平均 | 26.2 | (19.7) | 27.2　(21.0) | 25.1　(18.4) |
| 10代 | 33.1 | (18.6) | 38.4　(24.8) | 27.6　(12.1) |
| 20代 | 22.9 | (12.1) | 26.7　(14.0) | 19.0　(10.1) |
| 30代 | 19.2 | (11.7) | 21.0　(14.1) | 17.3　(9.1) |
| 40代 | 18.6 | (12.3) | 20.0　(14.0) | 17.1　(10.5) |
| 50代 | 21.6 | (16.4) | 21.0　(14.6) | 22.3　(18.8) |
| 60代 | 32.4 | (27.7) | 32.3　(28.5) | 32.4　(27.0) |
| 70代 | 44.0 | (41.2) | 45.0　(44.5) | 43.0　(37.6) |
| 成人のみ | 26.0 | (19.7) | 26.9　(20.9) | 25.1　(18.5) |

(　)内は平成28年度数値

出典:スポーツ庁「平成29年度　スポーツの実施状況に関する世論調査」

なぜ30代・40代になると運動から遠ざかってしまうのでしょうか。

運動・スポーツの阻害要因についてのデータを参照すると、その理由が明らかになります（次ページ図表6-3）。運動を続けられない理由として、最も多く挙げられているのは「仕事や家事が忙しいから」で4割近くを占め、2位の「面倒くさいから」を大きく引き離す結果となっています（図表6-3。すべての理由を複数回答）。特に30代では男女ともに5割を超える数字となっていて、この時期の社会人の多くが、仕事や家庭に時間を奪われた結果、スポーツから離れざるをえなくなっているという現実が見えてきます。

ちなみに、「運動・スポーツが嫌いだから」という回答は7・2％に留まっており、運動すること自体を嫌悪している層は比較的少数派です。

# 図表6-3　運動したくてもできない理由

**Q.運動・スポーツを実施する頻度が減った、またはこれ以上増やせない（増やさない）理由**
［現在の運動頻度に満足していない者に対して］

（すべての理由を複数回答）

| n=14,372 | 全体 | 男性 | 女性 |
|---|---|---|---|
| 仕事や家事が忙しいから | 39.9% | 40.9% | 38.8% |
| 面倒くさいから | 25.3% | 22.2% | 28.5% |
| 年をとったから | 19.9% | 21.7% | 18.0% |
| 特に理由はない | 17.2% | 18.2% | 16.1% |
| お金に余裕がないから | 13.0% | 12.8% | 13.3% |
| 場所や施設がないから | 8.3% | 7.9% | 8.7% |
| 子どもに手がかかるから | 8.0% | 5.5% | 10.6% |
| 仲間がいないから | 7.5% | 7.5% | 7.5% |
| 病気やけがをしているから | 7.5% | 7.4% | 7.6% |
| 運動・スポーツ以上に大切なことがあるから | 7.3% | 7.3% | 7.3% |
| 運動・スポーツが嫌いだから | 7.2% | 4.6% | 9.7% |
| 生活や仕事で体を動かしているから | 6.7% | 5.5% | 7.9% |
| 指導者がいないから | 1.8% | 2.0% | 1.6% |

（もっとも大きい理由）

| n=14,372 | 全体 | 男性 | 女性 |
|---|---|---|---|
| 仕事や家事が忙しいから | 28.4% | 31.5% | 25.2% |
| 特に理由はない | 17.3% | 18.3% | 16.3% |
| 面倒くさいから | 13.8% | 12.0% | 15.6% |
| 年をとったから | 10.1% | 11.4% | 8.8% |
| 病気やけがをしているから | 5.2% | 5.1% | 5.3% |
| 子どもに手がかかるから | 4.2% | 2.2% | 6.3% |
| お金に余裕がないから | 4.2% | 4.1% | 4.2% |
| 運動・スポーツ以上に大切なことがあるから | 2.8% | 3.1% | 2.5% |
| 生活や仕事で体を動かしているから | 2.5% | 2.0% | 3.1% |
| 運動・スポーツが嫌いだから | 2.5% | 1.4% | 3.6% |
| 場所や施設がないから | 2.5% | 2.4% | 2.5% |
| 仲間がいないから | 1.8% | 2.1% | 1.6% |
| 指導者がいないから | 0.3% | 0.3% | 0.2% |

**Q.1年前と比べて運動・スポーツを実施する頻度が減った、またはこれ以上増やせない（増やさない）理由**

| | 全体 | 男性 | | | | | | | 女性 | | | | | | |
|---|---|---|---|---|---|---|---|---|---|---|---|---|---|---|---|
| | | 10代 | 20代 | 30代 | 40代 | 50代 | 60代 | 70代 | 10代 | 20代 | 30代 | 40代 | 50代 | 60代 | 70代 |
| 全体 | 14372 | 202 | 958 | 1204 | 1424 | 1110 | 1318 | 1038 | 193 | 1000 | 1138 | 1307 | 1015 | 1454 | 1011 |
| 仕事や家事が忙しいから | 39.9 | 47.5 | 52.5 | 57.4 | 54.8 | 46.1 | 22.2 | 8.8 | 42.5 | 56.2 | 54.7 | 47.5 | 39.0 | 23.3 | 13.9 |
| 子どもに手がかかるから | 8.0 | 3.0 | 6.5 | 15.8 | 7.5 | 2.0 | 0.8 | 0.4 | 1.0 | 19.0 | 32.0 | 13.5 | 1.1 | 0.4 | 0.2 |
| 病気やけがをしているから | 7.5 | 3.0 | 5.1 | 5.8 | 6.5 | 8.1 | 8.6 | 11.2 | 8.3 | 3.9 | 5.9 | 6.7 | 8.0 | 9.8 | 10.6 |
| 年をとったから | 19.9 | 3.5 | 6.5 | 11.3 | 16.7 | 21.0 | 32.8 | 45.0 | 4.1 | 7.8 | 8.9 | 11.4 | 15.5 | 24.9 | 41.8 |
| 場所や施設がないから | 8.3 | 22.3 | 14.2 | 8.8 | 7.4 | 6.2 | 5.4 | 4.0 | 24.9 | 17.6 | 9.0 | 7.5 | 6.9 | 6.4 | 3.5 |
| 仲間がいないから | 7.5 | 15.8 | 11.4 | 9.1 | 6.7 | 6.0 | 5.9 | 5.5 | 19.7 | 14.3 | 9.1 | 5.7 | 5.4 | 4.5 | 5.1 |
| 指導者がいないから | 1.8 | 4.5 | 4.1 | 2.3 | 1.8 | 1.3 | 1.3 | 1.2 | 5.2 | 2.7 | 2.1 | 0.8 | 1.4 | 1.2 | 1.4 |
| お金に余裕がないから | 13.0 | 14.9 | 18.6 | 14.0 | 16.2 | 13.1 | 8.5 | 6.1 | 15.5 | 22.0 | 17.5 | 15.9 | 11.7 | 7.4 | 6.4 |
| 運動・スポーツが嫌いだから | 7.2 | 5.9 | 7.4 | 4.9 | 4.2 | 3.7 | 4.8 | 2.9 | 15.5 | 12.1 | 11.8 | 12.0 | 8.2 | 7.4 | 6.0 |
| 面倒くさいから | 25.3 | 23.3 | 24.8 | 23.4 | 22.5 | 24.2 | 22.1 | 15.5 | 35.8 | 37.4 | 32.5 | 34.2 | 29.0 | 22.3 | 15.1 |
| 運動・スポーツ以上に大切なことがあるから | 7.3 | 21.3 | 10.4 | 7.1 | 5.5 | 6.2 | 6.4 | 6.6 | 28.5 | 11.2 | 6.1 | 5.0 | 5.7 | 6.9 | 5.7 |
| 生活や仕事で体を動かしているから | 6.7 | 6.4 | 5.3 | 5.5 | 4.2 | 3.9 | 7.3 | 6.6 | 8.3 | 6.9 | 5.4 | 6.5 | 7.2 | 10.0 | 11.1 |
| その他 | 2.7 | 6.9 | 2.0 | 0.9 | 1.8 | 1.6 | 2.7 | 3.9 | 7.3 | 2.7 | 2.3 | 2.1 | 2.5 | 4.5 | 4.3 |
| 特に理由はない | 17.2 | 8.9 | 10.4 | 12.0 | 14.0 | 18.4 | 26.2 | 30.0 | 7.8 | 4.9 | 7.3 | 12.1 | 17.8 | 26.0 | 28.1 |
| わからない | 1.9 | 0.5 | 2.4 | 2.3 | 1.8 | 1.8 | 2.2 | 2.7 | 1.6 | 1.7 | 1.3 | 1.8 | 1.5 | 1.6 | 2.2 |

出典：スポーツ庁「平成29年度　スポーツの実施状況等に関する世論調査」

## スポーツ施設で運動する欧州人、道路をランニングする日本人

海外の事情はどうでしょうか。[*2] 欧州委員会（European Commission）が平成29年12月に行なった「Sport and physical activity」の調査を見ていきましょう（次ページ図表6-4）。

この調査は対象年齢や質問内容などが異なるため、単純に日本と比較するのは難しいですが、EUに加盟する28か国の平均では、週1日以上のスポーツ実施率は52％と、日本よりやや高い数値になっています。

特に、オランダやデンマーク、ドイツといった上位国では70～80％と、日本を大きく上回っています。

ヨーロッパでスポーツが普及している背景には、政府が主導している様々な施策があります。たとえば、スポーツのための公共施設の拡充です。「地域でスポーツができる場所があるか」という質問には、70％以上の人が「ある」「どちらかというとあ

## 図表6-4　EUのスポーツ実施率

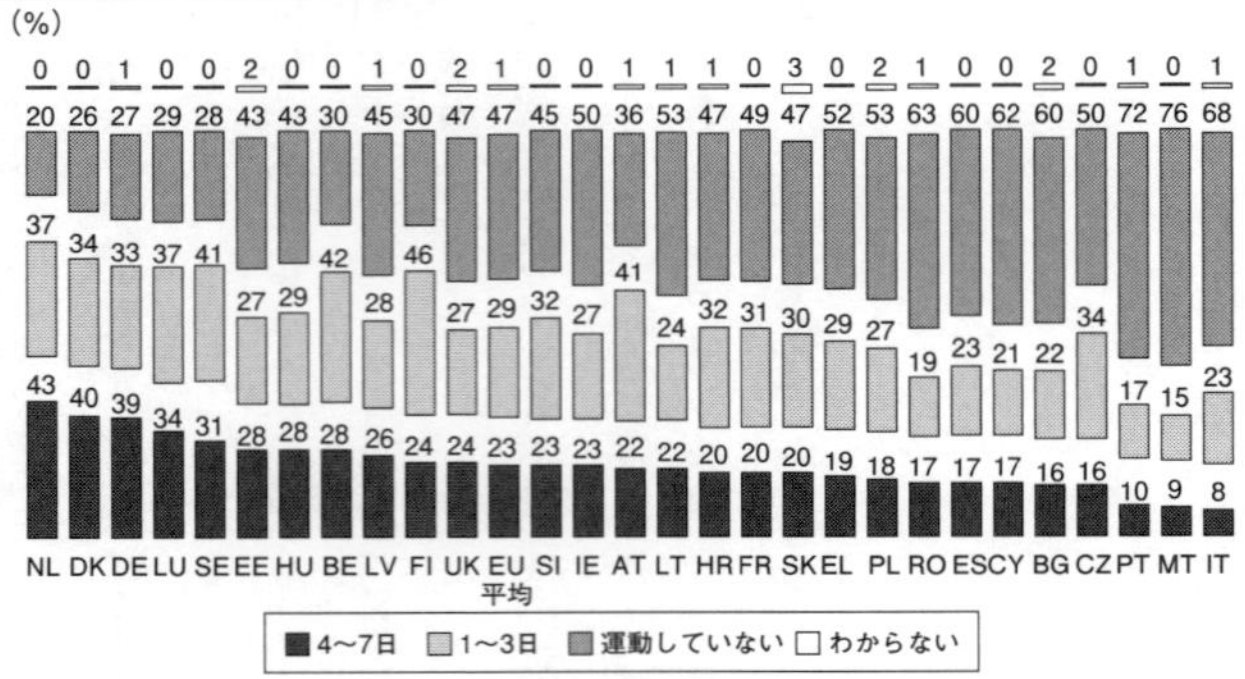


(回答者数=28,031)

出典:Europiean Comission「2017 Sport and physical activity」

る」という回答を寄せています（図表6-5）。

特に先進的なのがドイツです。ドイツには日本でいう「部活動」がなく、その代わりスポーツクラブにおける活動が盛んに行なわれています。[*3] それゆえに日本よりも数が多くなりがちなのは、考慮しておかなければなりません。

しかしそれでも、最新の調査によると、スポーツクラブの会員数は全国で約2700万人。総人口の約3分の1が、どこかのスポーツクラブに所属しているという計算です。ドイツのスポーツ推進政策の発端となったのは、1960年代に策定された「ゴールデンプラン」です。「健康は黄金の

## 図表6-5　地域でスポーツができる場所はあるか？（EU）

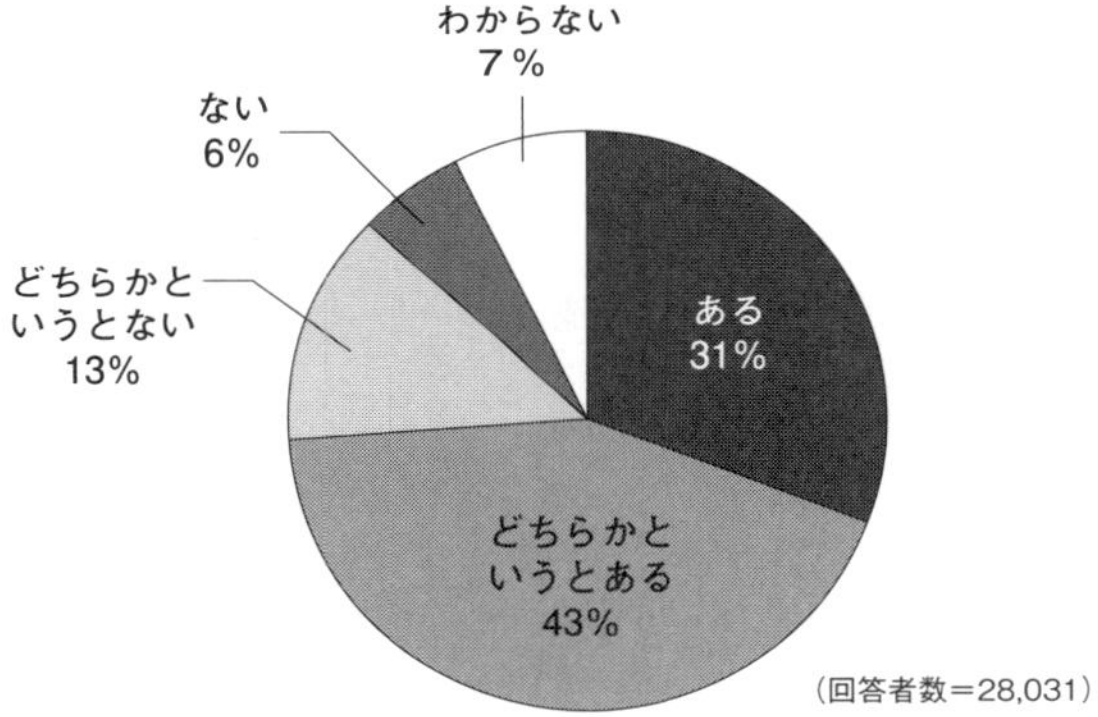


出典:Europiean Comission「2017 Sport and physical activity」

ように尊い」という言葉に名前の由来を持つこの政策は、スポーツ施設の整備とその活用を進めるもので、現在に至るまで継続的に進められています。ドイツ国内には「スポーツシューレ」と呼ばれる、グラウンド、体育館、宿泊所、会議室などが一体化した複合施設が20か所以上ありますが、それが国民のスポーツのための拠点となっています。

その一方で、日本に目を向けてみると、スポーツに利用できる公共施設の数自体が多くありません。運動・スポーツの実施場所についての調査によると、最も多いのが「道路」で全体の36・3%。これはランニ

**図表6-6　この1年間に行なった運動・スポーツの実施場所**

＜複数選択可＞　［基数：直近1年運動・スポーツ実施者］　（％）

| | | 道路 | 山岳・森林・海・湖・川等の自然環境 | 自宅または自宅敷地内 | 公園 | 民間商業インドア施設（フィットネスクラブ、ジム等） | 公共体育・スポーツ施設 | 民間商業アウトドア施設（レジャープール、スキー場、ゴルフ場等） | 職場または職場敷地内 | 学校体育施設 | 公民館 | 空き地 | その他 | 運動した場所はわからない |
|---|---|---|---|---|---|---|---|---|---|---|---|---|---|---|
| 全体 | 14818 | 36.3 | 16.6 | 9.5 | 9.3 | 5.7 | 5.5 | 3.7 | 3.0 | 2.0 | 1.2 | 1.1 | 3.4 | 2.7 |
| 男性 | 7575 | 35.5 | 19.1 | 7.6 | 9.5 | 4.0 | 5.6 | 5.1 | 3.2 | 2.4 | 0.9 | 1.3 | 3.0 | 2.7 |
| 女性 | 7243 | 37.1 | 14.0 | 11.6 | 9.0 | 7.5 | 5.4 | 2.2 | 2.7 | 1.6 | 1.5 | 0.8 | 3.8 | 2.7 |

出典：スポーツ庁「スポーツの実施状況等に関する世論調査」（平成29年11～12月調査）

ングとウォーキングがほぼすべてを占めていると見ていいでしょう。2位が森や海などの「自然環境」、3位が「自宅」で、4位は「公園」です。ここで初めて公共的な施設が登場しますが、日本の公園の多くはボールの使用を禁じており、必ずしも運動を前提とした場所ではない点には留意が必要です。公共的なスポーツ施設の利用は5％程度に留まっており、日本ではスポーツ施設で運動を行なう文化が、国民の間でほとんど定着していないことがわかります（図表6－6）。

## 「忙しくてできない」をなくすために

ここまでの内容をまとめると、日本人が運動をしない大きな理由は、「忙しい」と「場所がない」の2点に集約されます。

まず最初の「忙しさ」という問題。日常生活の中で運動に充てられる時間には個人差があるので、一概に解決策を提示することはできませんが、最も効果的なのは、所属する組織が運動・スポーツのための時間を強制的に確保することでしょう。つまり、運動の習慣を制度として生活の中に組み込むのです。「忙しくてできない」ことと「制度として組み込む」ことは、何ら矛盾するものではありません。

たとえば、福利厚生の一貫としてフィットネスクラブと契約したり、スポーツ系のサークルづくりを推奨している企業はありますが、そういった動きは今後もっと拡充されていいと思います。会社組織の壁を超えたスポーツコミュニティの構築や、地域主催のスポーツイベントへの参加についても、企業や組織の側からもっと積極的に推進されるべきです。そのことによって得られる社員の生産性の向上や人間関係の広がりは、企業がスポーツ文化へのコミットを強めるための十分なインセンティブになりうると考えられます。

第二の「場所がない」という問題の解決ためには、スポーツが行なえるパブリックスペースの整備が急務でしょう。これは土地やインフラの問題でもあるため、行政的な施策が必要になりますが、狭い空間でも運動が可能になるようなテクノロジーを活用したサポートは可能です。VR・AR技術によって空間を効率よく活用すれば、ビルの一室でも、広い体育館で身体を動かすのと同じくらいの運動量と開放感を得ることができるかもしれません。VRを利用したフィジカルなゲームは、先進的なアミューズメント施設ですでに取り入れられています。この技術をスポーツに応用することで、場所の制約の問題については大きな改善が図れると思います。

そして、同時に進めたいのが、スポーツを中心としたコミュニティの構築です。日本ではランニングやウォーキングといった、個人単位で行なう運動が盛んですが、公共的なスポーツ施設で、交流のための場が用意されれば、人間関係の横の広がりが期待できます。スポーツコミュニティへの参加は運動を継続するモチベーションにもなりますし、相互補助的なセーフティネットとしての役割を担う可能性も期待できます。

今後の少子高齢化の中で健康寿命を延ばし、何歳になっても活躍できる社会をつくることを考えたときに、スポーツがもたらす文化はとても大事な要素になってきます。

ドイツのゴールデンプランが半世紀にわたって継続的に続けられてきたように、スポーツ関連の施策は長期的な視点から行なわれるべきです、２０２０年の東京オリンピックというスポーツへの国民的な関心が高まる千載一遇の機会を活かして、２０２０年以降も活用し続けられる制度や施設をつくることができればベストだと思います。

## 【スポーツ・健康テーブルの議論のまとめ】

日本人のWell-beingの度合いは、全世界の156か国中で53位と低い順位に留まっています。[*4] 日本人の「健康」と「幸福」を向上させるためには、様々な改善が必要になってきますが、その中でも特に不足していると思われるのが、Well-beingを高めるために影響する要素の2番目に挙げられている「困ったときに頼れる人がいる」ということ。つまり、自分は互助的なコミュニティに所属しているという感覚です。

この要素を補うために、スポーツを中心にして社会的なつながりをつくり出していくことが有効です。身体の健康は、病院に行けばメンテナンスできますが、総合的なWell-beingは医療だけではカバーしきれません。スポーツで孤独を解消し、社会的なつながりを実感することが必要なのです。

そのためには、もはや自分で体を動かす必要すらないといえます。元陸上競技選手の為末大氏は「ヨーロッパのスポーツクラブに行くと、周りが身体を動かしているのを、お茶を飲みながら眺めているだけのおばあさんの姿が見られる」と語っていました。また、少しスポーツから話は逸れますが、年配の方は、友達と話がしたいがために大した病気でなくても病院に行きたがる、という話もよく聞きます。マズローの欲求五段階説[*5]

## Well-beingランキング（2013−2015）

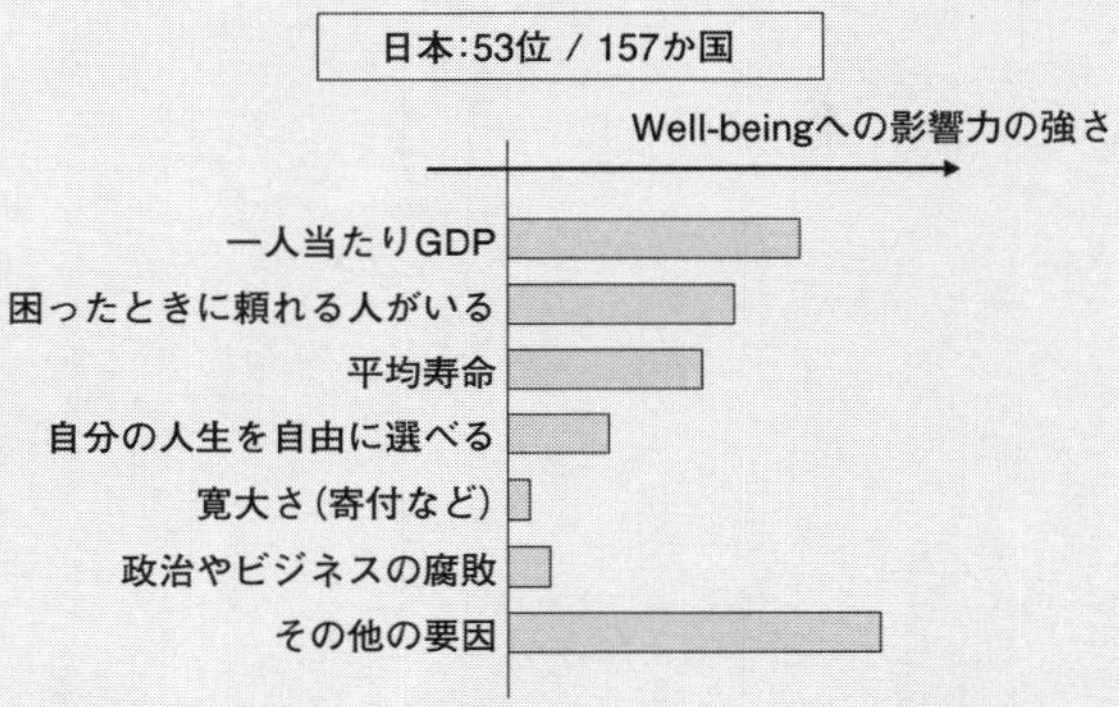


出典：「World Happiness Report（2016）」

の中にも、「所属と愛の欲求」（Love and belonging）が存在していますが、「孤独の解消」は人間にとって非常に大切なテーマなのです。

一人暮らし世帯の数がますます増加する傾向にある今[*6]、スポーツによる孤独の解消はますます重要性が高まっていくでしょう。スポーツを通じた社会的なつながりをつくるため、具体的にはスポーツのための「場」が必要です。学校の校庭や公園といったパブリックな「場」を、積極的にスポーツコミュニティ形成のためのハブにしていくべきでしょう。

しかし、日本は欧米に比べて、パブリッ

クスペースを活用する意識が低く、ルールによる縛りも多いため、自由に使うことが難しくなっています。国土交通省の喜多功彦氏は、「日本で行政サイドとして公園に関わっている人は、植物の専門家や農学部出身者が大半だが、イギリスの公園は、植物の専門家だけでなく、プロサッカーチームのコーチ経験者などがスポーツマネージャとしてコミュニティマネジメントをしている事例もある」と、語ります。

こうした違いは、パブリックスペースが生まれた経緯の違いに起因する可能性が高いでしょう。欧米では、王室などの統治者たちがもともと持っていたスペースを、徐々に民間側が獲得していったので、高い当事者意識や活用意欲があります。対して日本では欧米を真似て、明治期に幕府や大名が利用していた土地を一度に開放したため、自分たちでパブリックスペースを勝ち取ったという実感が薄く、それゆえ関心も薄くなってしまっていると考えられます。

今後はパブリックスペースをより有効に活用できるよう、政策面を整備していくべきです。とにかく日本の公園に関する規則には「禁止」事項が多い。遊具使用やボール遊びなど、何かを禁ずるルールばかりです。ルール設計は、人々の行動を大きく変えます。安全面に配慮しながら、画一的なルールを撤廃していくだけでなく、パブリックスペースでのスポーツコミュニティ形成を促進していくようなルールの制定が必要でしょう。

もちろん、テクノロジーによる後押しも並行して進める必要があります。eスポーツやVR活用がもっと普及すれば、スポーツの楽しみ方の可能性はさらに広がっていくでしょう。実際、自宅にいながら世界中の人々と一緒にサイクリングを楽しめる、バーチャルサイクリングサービス「Zwift」のようなサービスも現れはじめています。また、同じようなスポーツを楽しみたいと思っている人同士を結びつける、マッチングサービスのようなものを利用することも有効かもしれません。

さらに思い切った提案をすれば、もはや1人で過ごすことを法律で規制してしまったほうが話が早いのかもしれません。"一人暮らし禁止法"を制定し、全国民に寮生活を送らせるのです。もちろん、集団生活によるストレスなどデメリットが生じることは十分に想定できます。しかし、「帰る場所がある」ことは、それを補って余りあるメリットを生み出してくれるのではないでしょうか。

〈スポーツ・健康テーブル〉★はリーダー

★株式会社Campus for H 共同創業者　予防医学研究者　石川善樹氏

・東京慈恵会医科大学総合医科学研究センター先端医療情報技術研究部准教授　高尾洋之氏

・公益社団法人日本フェンシング協会会長　太田雄貴氏

・株式会社Deportare Partners 代表取締役　為末大氏

・国土交通省総合政策局政策課政策企画官　喜多功彦氏

・サイボウズ・ラボ株式会社主幹研究員　東京工業大学特定准教授　一般社団法人未踏理事　西尾泰和氏

＊1 公益社団法人 日本WHO協会「健康の定義について」

＊2 European Commission「Sport and physical activity」。なお、EU諸国におけるスポーツ実施率の定義は厳密には日本と異なり、「3. LEVELS OF ENGAGEMENT IN PHYSICAL ACTIVITY」における問い「In the last 7days, on how many days did you…?」の中の「Do moderate physical activity」欄で「1to 3days」「4to 7days」と回答した人の割合になる

＊3 法政大学学術機関リポジトリ「ドイツにおけるスポーツクラブの現況報告」

＊4「World Happiness Report 2016」

＊5 20世紀のアメリカの心理学者アブハム・マズローが唱えた、人間の欲求は5段階のピラミッドのように構成されており、低階層の欲求が満たされるとより高次の階層の欲求を欲するとする説。低階層から、「生理的欲求」「安全欲求」「社会的欲求（帰属欲求）」「尊厳欲求（承認欲求）」「自己実現欲求」の5つで構成される

＊6 厚生労働省「平成29年国民生活基礎調査」

## [ グラフィックレコーディング「スポーツ・健康」編 ]

「健康」とは、肉体的・精神的・社会的に Well-being であるということ。スポーツを習慣づけ Well-being を向上させる施策を

スポーツも健康も手段。本当の目的は幸せに生きること

日本人が幸せに生きるために重要な要因は「つながり」

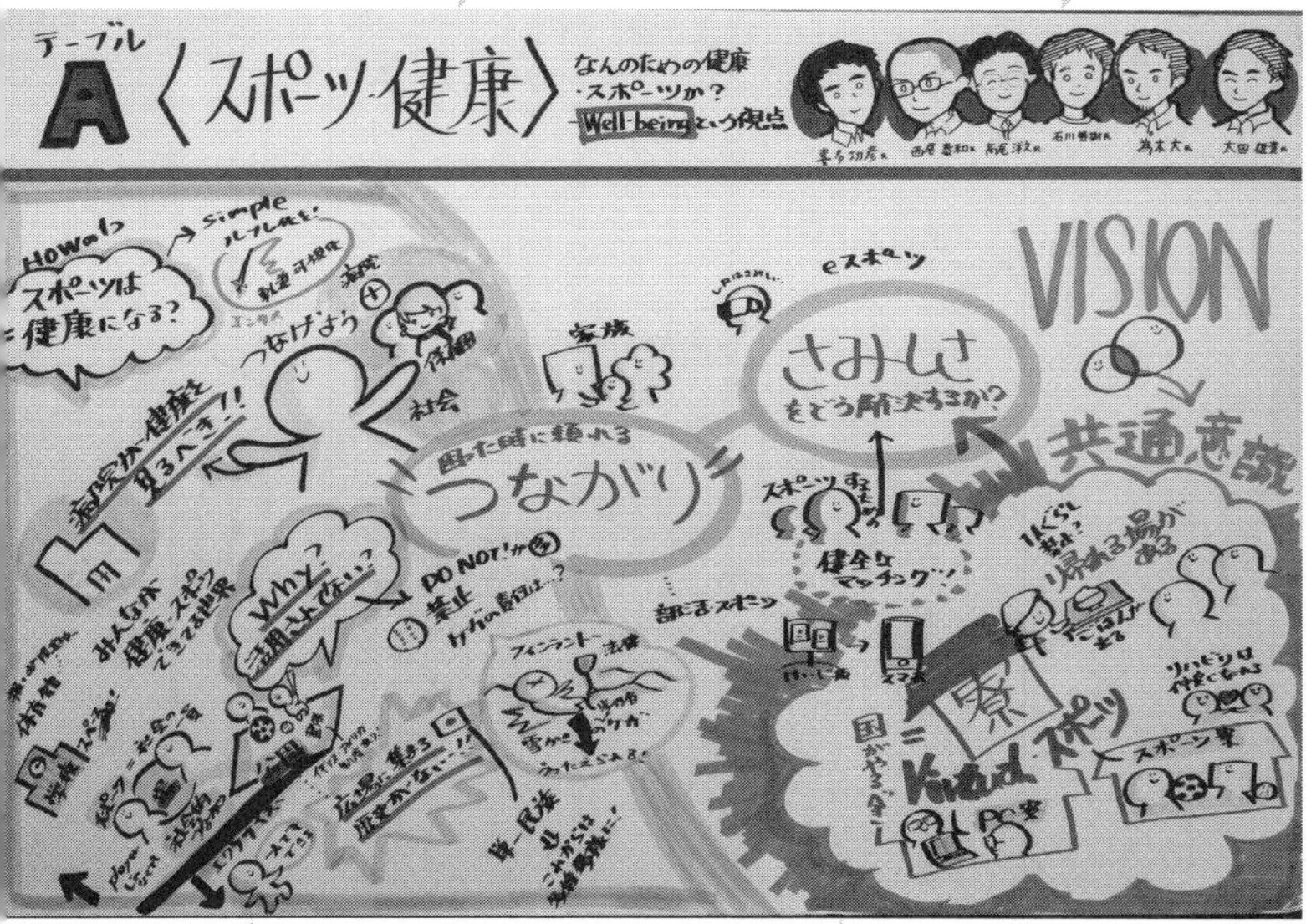


スポーツを通してつながりをつくる「場」が必要。そのために学校や公園を開放する

孤独な人を１人もつくらないための「寮」をつくる

（※議論の動画はこちら。http://live.nicovideo.jp/watch/lv314659791）

column

## 社会保障のオリジン

㈱Campus for H共同創業者・予防医学研究者 石川善樹

ここでは、社会保障の「オリジン（起源）」について解説します。現在私たちが恩恵を受けている社会保障制度が、いつどのようにはじまったものなのか、ご存じでしょうか。日本に最適な形の社会保障制度を模索していく際、その起源をしっかりと把握しておく必要があります。オリジンを知ることなしに、オリジナルはつくれません。

現代日本の様々な制度の起源をたどると、戦後日本の再建を担った、連合国軍総司令部（GHQ）にいきつくことが多いです。特に社会保障分野は、元GHQ公衆衛生福祉局長・クロフォード・F・サムスが基礎をつくり上げました。

サムスは、憲法25条の第二項の条文を書いた人です。憲法25条の第一項は、おなじみの「すべて国民は、健康で文化的な最低限度の生活を営む権利を有する」。そして、肝心の第二項には、「国は、すべての生活部面について、社会福祉、社会保障及び公衆衛生の向上及び増進に努めなければならない」と記されています。これは、要するに「国が社会保障をやりましょう」ということです。実はこの内容はアメリカの憲法には書かれていない、日本特有のものなのです。

当時の日本は、戦後の焼け野原状態でとにかく食糧が不足しており、みんなが常にお腹を空かせているような状況でした。そんな状況だったので、国民は政治家に対して、とにかく「どの政党が俺たちの腹を満たしてくれるのか」を期待していたのです。

こうした状況を見かねたサムスは、「給食を支給しよう」と考えました。しかし、日本政府は「子どもより大人に食糧を回すべきだ」とはねつけた。なぜなら、戦後の焼け野原状態で早急な復興が至上命題だったため、復興を担う大人に食料を回すのが最優先だったからです。日本政府がだめなら、ということでサムスはアメリカ政府にも掛け合いましたが、「日本なんかよりも、ヨーロッパの同盟国に食料を回すべきだ」と一蹴されてしまいました。[*7]

サムスはそれでも諦めずに給食制度導入を支援してくれる人を探し回った結果、ある一人の日本人が協力してくれました。アメリカに渡っていた日本人の移民である、岩手県出身のジャーナリスト・浅野七之助です。「一食を分かち、一日の小遣いを割いても援助することは良心的な義務である」という信念のもと、ララ（アジア救援公認団体）の原型となる「日本難民救済会」をつくった人です。彼が日本に食料を送ってくれたおかげで、現在まで続く給食制度がスタートしたのです。

「社会保障制度の礎を築いた」と聞くと、少し地味な印象を受ける方もいるかもしれません。しかし、憲法25条の生存権を整備し、予防、医療、福祉、社会保障の基盤をつくったサムスの功績は非常に大きいです。

そして、給食の導入などももちろんですが、何よりサムスが誇りとしたのが、全国的な保健所制度の確立です。戦後直後の日本人の人口は約８０００万でしたが、「一つの保健所で10万人診よう。８０００か所つくれば日本国民全員をカバーできる」と思い立ち、「改革は急げ、ゆっくりいくとつまずくぞ」の合言葉のもと、短期間で全国に保健所制度をつくったのです。全国の現場に、保健師さんや栄養士さんという健康の専門家がこれほど配置されている国はなかなかありません。その結果、ＧＨＱが統治した6年間で、日本人の平均寿命がなんと10年も延びました。これは恐るべき偉業です。[*8]

なぜサムスはこんなことをしたのでしょうか。社会保障制度の確立に腐心した理由について、彼はこう言っています。「われわれは民主主義を日本に導入したが、それは民主主義の原理であり、アメリカの民主主義の制度そのものではない」。

「民主主義の原理」とは、「言うなれば個人は価値があるという原理であり、心を導入しようとしたのである」ということです。

つまり、民主主義を日本に導入しようとする際、その原理原則は維持しつつも、日本に最適化した形で導入しようとした結果、社会保障制度の整備にいきついたのでしょう。ただしサムスは非常に慎重で、こうも言っています。「それはたしかに導入に価するものであったとしても、これがどれほど真に価値あるものであるかは、時の試練のみが証明してくれるであろう」と。

戦後70年以上経った今、現行の制度が「時の試練」に耐えうるものなのかを見直す時期がきています。社会保障制度のあるべき姿について論じていくとき、こうしたオリジンも踏まえたうえで、未来について考えていくべきなのではないでしょうか。

7『日本の生命を守った男　GHQサムス准将の闘い』（二至村菁著　講談社）
8 昭和22年（1947年）から昭和25―27年（1950―1952年）にかけて、男性の平均寿命は50歳から59歳に、女性の平均寿命は53歳から65歳に推移。――厚生労働省「平成25年簡易生命表について」

おわりに

# ――変わりゆく時代、私たちは何をするべきか

ご存じの方もいるかもしれませんが、僕の父は国際ジャーナリストです。昔、自宅に置かれた「週刊プレイボーイ」をめくっていると、父の連載にアップル共同設立者のひとりであるコンピュータ・エンジニア、スティーブ・ウォズニアックが登場していました。ウォズに「日本のハードウェアは最高だ。でも、ソフトウェアはいまいちだ」と言われた父は、彼に打開策を問いました。すると、ウォズはこう答えたのです。[*1]

「そんなの簡単だ。若者を自由にすればいい」

あのインタビューから、25年の歳月が経ちます。それからの日本に何も変化が起こらず、依然として「若者を自由に」すること、すなわち未来への投資ができていない

ことが、僕は非常に悲しいのです。

冒頭の小泉さんとの対談で、僕は「『ポリテック』は名前をつけた時点からスタート」だと述べました。あなたが本書を読み、日本社会への包括的な理解を深め、テクノロジーの導入によってこの国をよくしていけるはずだと感じてくれたなら、ポリテックはすでに次の段階に進んでいるといえるでしょう。一人ひとり発信源となり、ポリテックを波及させていくべきだと考えています。

前章までにもお伝えした通り、「平成最後の夏期講習」はスペシャリストたちが議論を重ねたとても贅沢なイベントで、僕にとっても、普段とは違った視点から考えをめぐらすとてもよい機会になりました。そこで改めて感じたことは、ポリテックの実現と推進は一朝一夕でなせることではないということです。テクノロジーを政治に実装するには、財政面や法律面をはじめとした様々な制約をかいくぐる必要があり、段階的に進めていくほかありません。

それでは、ポリテックを社会に伝播させていくにあたり、どのような課題があるのか。また、僕たちがポスト平成時代を歩んでいくために、どのような行動指針に従うべきなのか。本書の最後に、各章の論点を振り返っておきましょう。各章ともに、「平成最後の夏期講習」での各有識者の議論をベースに、書籍化に伴い僕がまとめたものになります。

序章では、数ある社会問題の根本原因が少子高齢化とそれに伴う労働人口の減少にあるとし、課題解決の要となる「省人化」と「自動化」に沿って、テクノロジーを導入していく術について議論しました。

また、日本のGDPや産業構造を諸外国と比較・分析し、世界的に見ても大規模な予算があるにもかかわらず、未来を担う若者へ投資すべきリソースをシニア層に投下している問題にも言及。サスティナブルな未来をつくるためには、このコストをいかに下げるかを考える必要があると訴えました。

第1章では、テクノロジー以降の時代で限界費用ゼロのプロダクトを創出する必然性について詳述しました。そして、ＡＩによって働き方はアップデートされ、「ＡＩ（人工知能）＋ＢＩ（ベーシックインカム）」的な働き方と「ＡＩ＋ＶＣ（ベンチャーキャピタル）」的な働き方へ二分されていくと推察しました。この議論は拙著『デジタルネイチャー』（ＰＬＡＮＥＴＳ）を踏襲するところが大きいです。

第２章では、テクノロジーの活用や都市形態を変化させることで、高齢で低下した認知能力や身体能力を補完する策を提示しました。

第３章では、現代社会の育児は、閉鎖的な地域型コミュニティの衰退によって親が誰にも頼れなくなり、アノミーに追い込まれてしまう点に問題があると指摘しました。そして、そういった諸問題を解決するうえで、インターネットで相互交流サービスを活用し、オンラインの町内会的コミュニティを整備することが有効だと示しました。

第４章では、「Ｐｈ．Ｄ的な学習」と「詰め込み型の学習」を比較しながら、教育のアップデートについて考えました。

第５章では、テクノロジーによって社会保障費を抑える施策を検討しながら、今後のひとつのモデルとしてデンマークの事例を紹介しました。

第６章では、日本でWell-beingを高めていくためには、ヨーロッパにならってスポーツコミュニティを整備することが有効だとして、公共の場を活用するための制度設計や、スポーツの楽しみ方の幅を拡張できるテクノロジー導入がカギだと述べました。

繰り返し本文を通してお伝えしてきましたが、日本社会はポリテックをテコに課題解決できる余地が数多くあります。ポリテックをカギにポジティブな未来像となるようなビジョンを構想し、それを伝えていくことは僕たちにとって最大の課題でもあります。冒頭の対談で小泉さんがお話しされた通り、日本の政治家はテクノロジーに対するアレルギーが強い人があまりにも多い。

テクノロジーの価値を正しい形で伝えていくために残された時間は、あと10年間ほどしか残されていません。少子高齢化が進み、有権者の半数以上が65歳に達すれば、イノベーションを掲げる議員は、シルバー民主主義的理由から当選しにくくなってしまうかもしれません。

ポリテックを推進していくためには、日本全体にはびこる閉塞的で後進的なマインドセットを変えていく必要があります。前時代的なマインドセットから抜け出せない人たちは、変化を起こせるだけの力を持っていたとしても、時流に沿って自らの基準で判断できず、行動を起こせません。

そうならないために個人が備えるべきは、今までの常識＋固定観念にとらわれない柔軟でフラットな視点です。これは、「平成最後の夏期講習」でディスカッションする際に僕が提示したルールでもあります。頭ごなしに否定するのではなく、相手がなぜそのように考えたのかまで思考が及ばなければ、向かうべき方角について議論できません。そのためには、どれほど非常識で受け入れ難い意見であっても、それが誰のものであっても、一度は飲み込むことです。イノベーションはいつだって、常識を疑うことからはじまります。

## 「ポリ」と「テック」で物事を考える

先ほど「否定をしない」というディスカッションのルールを紹介しましたが、ここで少し、今回の本のもとになったディスカッションの進め方について触れておきます。

「平成最後の夏期講習」では次のようなステップで考えを深めていただいていきました。

- **今までの問題を共有**
- **未来にあるべき姿のために、どういう方向に向かうべきなんだろう？**
- **そうするには、一体どういうアクションプランがあるんだろう？**
- **そのアクションプランを実行するために、今ある問題は何か？（法律がダメなのか？　制度がないのか？　それともテクノロジーが足りないのか？）**

このステップで思考を深めるためのシートも次ページに掲載しておきます。

- **今までその分野にどんな課題があったのか**
- **今後はどんな問題が出てくるのか**
- **何をどうしたらいいのか（問題解決の指針）**
- **政策的（ポリ）に解決するにはどうしたらいいか**
- **技術的（テック）に解決するにはどうしたらいいか**
- **未来に、どうなっていてほしいのか**

## 「ポリテック」で解決案を見つけるグループワークシート

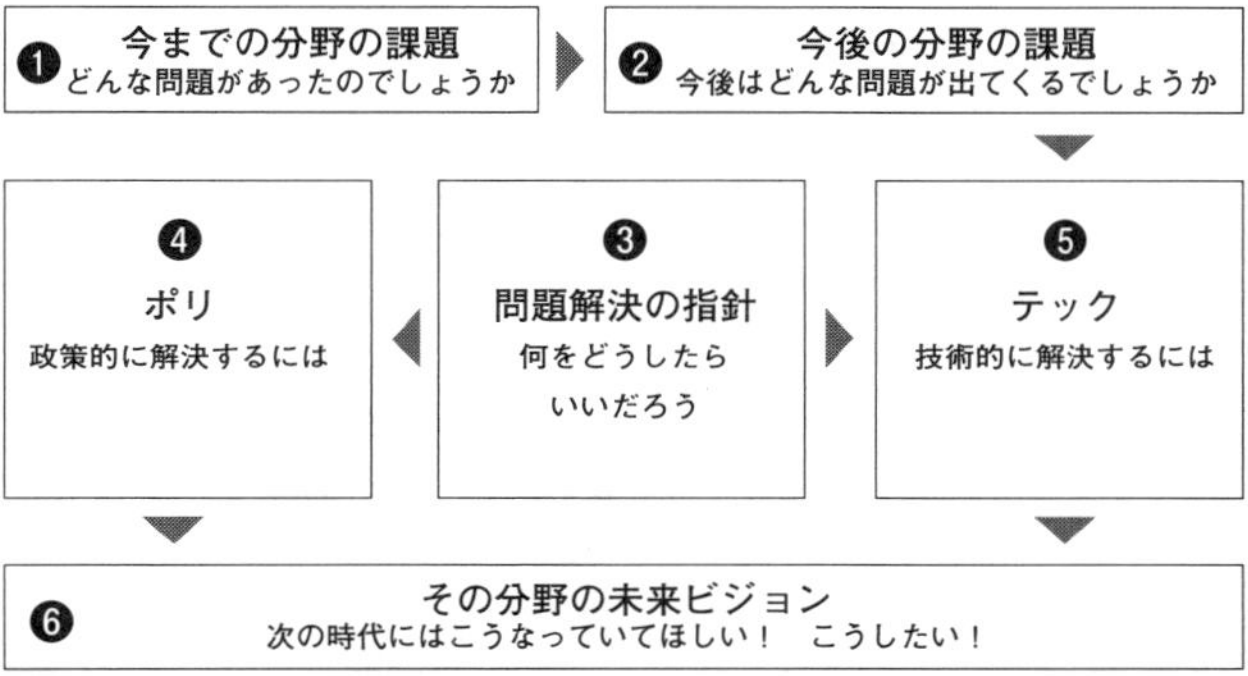


というフレームワークになっていて、この6つを埋めると自動的に、1つの方針が立てられるようになっています。

多くのことは、問題さえわかれば解決できます。本書の議論を見ながら「自分だったらどうするか」を考えるのも、大きな学びになると思いますし、実際にご自身で問題解決を行なう際にもご活用いただければ幸いです。自分も議論に混ざればよかったのではないかと思うくらい、いいアイデアが出るかもしれません。

なお、「平成最後の夏期講習」は、現在ニコニコ動画で見ることができます（http://

blog.nicovideo.jp/niconews/82089.html)。今回こだわったのは、議論をオープンにすること。実際の政策の現場ではその過程が見えてこないことが多いですが、今回は6テーブル全部の動画が再生できるようになっています。また、議論を即興でイラストでまとめていくという、グラフィックレコーディングを取り入れたのも新しい試みでした。

小泉進次郎さんが、「伝え方の革命」と話していましたが、メディアによって切り取られることのないオープンな議論というのは今後も必要なのではないでしょうか。

## マタギドライブ的世界観で、未来を猛進しよう

ＡＩ時代の生き方や働き方について問われることの多い僕ですが、最近は「世を捨てよ、クマを狩ろう」と話すことにしています。皆さんは、「マタギ」をご存じでしょうか。マタギとは、主に東北地方の山間部に居住していた、クマやシカなど大型動物を集団で狩って生活する人たちのことです。僕は彼らのような生き方こそ、ポスト平成時代のロールモデルになりうると考えています。

一人ひとりが限界費用ゼロ的世界になったことによって新たに解決可能になった課題を見つけ、各々のゴールへと猛進するライフスタイルを送る。人々が〝マタギ〟のように課題狩りをし、ＡＩをはじめとするテクノロジーが僕たちの〝猟銃〟になる社会。僕なりの言葉でいえば、これからの社会は「マタギドライブ」的な世界観になっていくのです。

これまでの工業社会におけるホワイトカラーの労働スタイルは、極めて農耕民族的です。決められた給料のためにオフィスで働くのも、実をつけるまで農作物を育てるのも、将来得られる成果のためにひたすらタスクをこなしていく点で本質は変わりません。そのような働き方は、狩猟生活を起源に持ち、その性質を遺伝子レベルで引き継ぐ僕たち人間にとって大変ストレスフルです。歴史の中でも農耕と狩猟は両立してきましたし、これからの社会のあり方を考えるうえで、その両端を行き来することを考えることに価値があると思います。

武器を持たないゆえに農耕社会に縛られていた今までと違い、ソフトウェアテクノロジーという猟銃を手に入れたことで、僕たちはもはや狩猟本能のおもむくままに生活できる時代です。「クマ」を仕留めることに熱中し、ＡＩかロボティクスを操る術を学んでいくことで、テクノロジー以降の時代をサバイブしていけるはずです。

平成の次の時代の僕の目標は、ポリテックを推進し、過去ではなく、未来に投資できる社会を創ること。そして、かつてのウォズが大満足するソフトウェアが大量に生み出されるような日本社会を迎えられれば本望です。

本書を執筆するにあたり、また、「平成最後の夏期講習」を実施するにあたり、多くの方々の力添えをいただきました。お名前を列挙させていただきます。小泉進次郎氏、古川弘剛氏、三宅琢氏、武藤将胤氏、毛塚幹人氏、岩本悠氏、本多達也氏、大石佳能子氏、高橋政代氏、鈴木正朝氏、大日向雅美氏、下河原忠道氏、前田隆行氏、須賀千鶴氏、米良はるか氏、藤沢烈氏、久池井淳氏、村井英樹氏、箕輪厚介氏、青野慶久氏、関治之氏、佐々木紀彦氏、猪熊律子氏、宇野常寛氏、川原圭博氏、浅谷治希氏、川上量生氏、権丈善一氏、狭間研至氏、安宅和人氏、山内奏人氏、東晃慈氏、石川善樹氏、高尾洋之氏、太田雄貴氏、為末大氏、喜多功彦氏、西尾泰和氏（以上、順不同・敬称略)。ご多忙の中、本当にありがとうございました。

最後に、この本があなたにとってひとつの指針となり、そのような未来に寄与する1人になってくれることを願っています。

2018年12月

落合　陽一

＊1『ザ・スパイ・ゲーム』(落合信彦著　集英社)

**著者略歴**

## 落合　陽一（おちあい・よういち）

1987年生まれ。メディアアーティスト。東京大学大学院学際情報学府博士課程修了（学際情報学府初の早期修了）、博士（学際情報学）。筑波大学学長補佐・准教授・デジタルネイチャー推進戦略研究基盤基盤代表、大阪芸術大学客員教授、デジタルハリウッド大学客員教授を兼務。ピクシーダストテクノロジーズ株式会社CEO。2015年米国WTNよりWorld Technology Award 2015、2016年Ars ElectronicaよりPrix Ars Electronica、EU（ヨーロッパ連合）よりSTARTS Prizeなど国内外で受賞多数。現在、NewsPicks、news zeroなどメディアでも活躍中。
主な著書に『魔法の世紀』『デジタルネイチャー』（PLANETS)、『日本再興戦略』（幻冬舎)、『超ＡＩ時代の生存戦略』（大和書房)、『ニッポン2021-2050』（角川書店)、『0才から100才まで学び続けなくてはならない時代を生きる 学ぶ人と育てる人のための教科書』（小学館)、『10年後の仕事図鑑』（堀江貴文氏との共著。小社刊）など。



SB新書　458

# 日本進化論（にほんしんかろん）

2019年１月15日　初版第1刷発行
2019年１月19日　初版第3刷発行

著　者　落合陽一（おちあいよういち）

発行者　小川 淳

発行所　SBクリエイティブ株式会社
〒106-0032　東京都港区六本木2-4-5
電話：03-5549-1201（営業部）

装　幀　長坂勇司（nagasaka design）
カバー写真　蜷川実花
本文デザイン　荒井雅美（トモエキコウ）
組　版　白石知美（システムタンク）
編集協力　長谷川リョー、小池真幸（モメンタム・ホース）
協　力　株式会社ドワンゴ
本文写真　伊藤孝一
グラフィックレコーダー　タムラカイ、佐久間彩記、松本花澄、馬目亮、山木屋ばん、山野元樹、和波里翠
印刷・製本　大日本印刷株式会社





ISBN 978-4-7973-9986-8